あそびがいっぱい!!
指導案もOK!!

実習生の悩みを解決!!

教育・保育実習
実技ガイド

神戸大学　名誉教授　東山　明
園田学園女子大学　教授　名賀三希子
共著

ひかりのくに

はじめに

教育実習や保育実習に行くまで、子どもとどう付き合ったらよいのか、どんな活動や保育をしたらよいのか、何となく不安なものです。

この『教育・保育実習実技ガイド』は、その不安を少しでも解消し、前向きで快適に実習に取り組むための実践的なガイドブックです。

実習時での子どもへのあいさつのアイデアから、低年齢児との遊び方、体を動かして遊ぶ活動、ものを作って遊ぶ活動など、実習の中でのあそびのアイデアや実技のヒントを、具体的に事例を上げた教材に添って、この本に掲載しています。

実習に行く前や実習の中で、この本のページをめくりながら、使えそうな遊びや教材に付せんをはっておきましょう。

「実習先の先生が教えてくださるだろう」といった受け身的な実習ではなく、子どもとこんなあそびをしよう、こんなことをしてみたいと、たくさんのレパートリーをもって、前向きな姿勢で取り組みましょう。そして子どもがどう反応し、どう展開していったかを確めることが、実習でしかできない研究です。

それでは、前向きで元気に明るく実習に取り組みましょう。

著者

CONTENTS

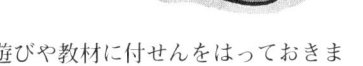

この本の特長

実習で生かせるあそびが満載!!

作って遊ぶ活動、体を動かして遊ぶ活動、低年齢児とのあそびなど、実習に生かせる実技(あそび)が豊富です。目安となる年齢を入れているので、参考にしてください。

身近なものを使ってのあそびやコミュニケーションのきっかけとなるグッズなど、設定保育だけでなく、ちょっとした時間でも生かせるアイデアがいっぱいです。

ポイントとアレンジであそびの幅が広がる!!

本書掲載のおのおののあそびには、ポイントやアレンジのコーナーがあります。ポイントには導入やことばがけ・留意点などを、アレンジにはあそびの発展のヒントを載せています。これらを参考に、子どもの姿に合わせてあそびを変化させ、あそびの幅を広げましょう。

楽しく書ける指導案の例つき!!

部分実習、責任実習の例がついています。おのおののあそびについているポイントやアレンジ、62ページの「子どもの発達とあそび」を参考にして、指導案を書くことができます。具体的に子どもの遊ぶ姿をイメージして、もっと楽しくするにはどうすればよいか考えながら、自分自身も楽しんで指導案を作りましょう。

もくじ

扉イラスト／わらべきみか
本文イラスト／いとうなつこ·野沢実花·町田里美·森川弘子·柳　深雪
楽 譜 浄 書／福田楽譜
編 集 協 力／永井一嘉
企画 · 編集／長田亜里沙 · 安藤憲志 · 赤下部恭子

実習のときの心構え

①子どもと付き合うときはおどおどしないで、元気よく積極的に子どもの中に入っていくように心がけましょう。子どもも笑顔でこたえてくれます。

②実習では、前向き、明るさ、元気さ、優しさが大切です。あいさつも大きな声で、動作を入れて、明るく元気よく。ちょっとしたアイデアやパフォーマンスが入れば最高です。

③「褒めじょうずは育て(教え)じょうず」と言われるように、子どもの良いところや子どもが良いことをしたときは、少々大げさに褒めたり励ましたり、認めるようにしていきましょう。その子どもだけでなく、クラス全体にやる気が出てきます。

④保育をするときは、事前準備をしっかりとしましょう。そして、できない子どもや入ってこれない子どもの手だてを考えておきましょう。

⑤スキンシップは、もっとも心を通わせ、仲よしになる方法です。泣いているとき、注意するとき、励ますとき、ちょっと体に触れながら、子どもの目を見て話しかけましょう。

⑥近寄ってくる子どもだけを相手にするのでなく、近寄ってこない子どもに声をかけるように気を配りましょう。

遊ぶときの留意点

1.子どもの可能性を意識する

子どもは無限の可能性をもつ創造者です。幼児を含めて子どもはまだ経験も乏しく、ひ弱な面をもっていますが、実はどん欲なまでの好奇心、何事にも挑戦する向上心、イメージの世界を自由に飛び回れる想像力、それに豊かな創造力をもっています。そして何よりも、無限の可能性をもっています。

子どもにとって、新しく出会うもの、体験するものすべてが発見であり、挑戦なのです。子どもはこれまでに体得した経験や知恵を駆使して、試行錯誤しながら取り組みます。子どもは何事にも探索し、挑戦していくすばらしい冒険家であり、創造者であり、科学者でもあるのです。

「子どもはあそびの天才だ」と言われますが、その糸口が必要です。ちょっとしたことばがけやアイデアで、あそびの中身が大きく変化発展していきます。

体を動かすあそびでは、子どもの興味、ねらい、年齢、人数、空間、遊具の準備によって、いろいろなバリエーションや組み立てが考えられ、子どもの発達や体のこなし方も変わってきます。

作って遊ぶ活動では、素材を触ってみたり、たたいてみたり、破ってみたりする探索活動、それを組み合わせたり接合するなかで、生きる知恵や生きる力をはぐくんでいきます。

子どもと遊ぶときには、次のことに留意して実践しましょう。

2.子どもの姿を見て遊ぶ

①年齢、人数、子どもの興味や関心、発達段階を考慮しましょう。何歳を対象に、何人ぐらいで遊ぶのか、子どもの興味あることと結びつくか、難易度はどうかなどを考えて選びます。個人差への配慮も忘れないようにしましょう。そのために、いつでもあそびを変化させていけるよう、バリエーションも理解しておきましょう。

②一日の生活リズムや日課の流れを考えましょう。室内での静的な活動が続いているときは、子どもの緊張を解放し、静と動のリズムのバランスをとるように、戸外で思いきり体を動かせるあそびを選んでみるなど、生活リズムを考慮しましょう。

③遊具の種類や数を事前に把握しましょう。その遊具でどんなあそびの展開が可能か、いくつか組み立てを考えて、いつでもできるようにしておきましょう。

④あそびの安全面を確保しながら、かつ、子どもたちが動いたという満足感を得るために、クラスの人数に対しての広さ、あそびの内容に適した場所を考えましょう。

⑤子どもたちがふだん遊んでいるあそびに注目し、発展していけるような提案からあそびに入っていきましょう。

3.ことばがけを大切に

①あそびの説明は、わかりやすい言葉で簡潔にしましょう。だらだらと長い説明は、子どもが退屈し、あそびへの関心や意欲も薄れていきます。

②戸外で説明するときは、子どもたちがまぶしくないように、太陽に向かった位置に立ちましょう。

③言葉に表情をもたせましょう。声の大きさ、高さ、速さを変化させることで、あそびに緊張感とリズムが生まれます。

④「○○のように」など、子どもがイメージしやすいたとえを入れましょう。動きの理解を助けるために、楽しく遊ぶために、比喩《ひゆ》的言い回しを適宜用いましょう。

⑤できたこと、チャレンジしたこと、良かったことなど、たくさん認めて褒めましょう。子どもたちのあそびへの自信と意欲につながります。

4.子どもと接するとき

①話を始めるときは、「注意することが三つあります」「約束することが二つあるから、よく聞いてね」などと、簡潔に話しましょう。

②「○○しなさい」といった指示語、命令語、禁止語はできるだけ避けて、奨励語、励ます言葉など、子どもに元気が出る言葉を多く使いましょう。

③いつも指示するのではなく、「○○ちゃんはどうしたいの？」「○○ちゃんはどう思うの？」と子どもの意見や考えを聞いたり、引き出すように話しかけましょう。

④けんかなどのトラブルがあったら、両者の意見をゆっくり聞いて、「どうしたら仲よくなれるかな」「順番にしようよ」と、後で方向づけるようにしましょう。大きな問題は、指導係の保育者と相談しましょう。

⑤保育園や幼稚園には、いろいろなルールや約束事があります。それを十分理解し、指導係の保育者とよく話し合い（連絡）をしながら子どもとかかわりましょう。かってに判断して行動すると、かえって問題を大きくするので注意しましょう。

5.「作って遊ぶ」活動をするときに

いろいろな材料・用具を使っておもちゃを作ったり、飾るもの・使うものを作ったりするとき、次のことに注意して取りかかりましょう。

①新しい教材に取り組むときは、必ず一度作ってみましょう。自分で作ってみると、材料用具が適切か、子どもがどこでつまずくか、何を援助するか、できない子どもをどう支援するかなどが見えてきます。

②子どもが作ってみたい、やってみたいと興味をもつ題材の設定や、導入や手だての工夫をしましょう。

③初めてハサミや金づちなどの用具や道具を使うときは、簡単な作業を伴った基礎的な学習をしてから、本来の活動に入りましょう。子どものできること、できないことをしっかり把握して、どこを援助するかを考えて保育をしましょう。

④子どもの人数分に必要な材料用具、作業場所が確保できていますか。子どもが急に「せんせい、○○ある？」と言ってきても、すぐ出せるように材料用具を準備しておきましょう。

⑤子どもの発達段階として、どこまでのことができるかを把握して活動に入りましょう。うまくできない子ども、意欲がわかない子どもをどう援助するかを考えておきましょう。

⑥おもちゃを作った場合、作ったもので遊ぶ活動や活用の時間や場面をどうするか、考えておきましょう。

⑦工作などの立体造形は、保管場所と展示方法を常に考えておきましょう。作品はできるだけ効果的に、工夫して展示しましょう。子どもの喜びが倍増します。

子どもへのかかわり

いつも笑顔で、いきいきと活動的に子どもたちに向かいましょう。保育者が楽しそうに動いていることが、子どもたちのあそびへの動機づけになります。

実習の始まり
子どもに大人気 自己紹介大作戦!!

子どもと接するときは、明るさ、元気さ、優しさをもって、思いきって積極的に子どもの中に入っていきましょう。あいさつは、大きな声でゆっくりと、動作を大げさにして。あいさつグッズを使ってあいさつすると、一度に子どもは寄ってきます。

すずき
かおり
見て見て！ 先生の名札かわいいでしょ。なんて書いているかわかるかな？

フェルトでポコポコ名札

準備するもの

フェルト、ハサミ、綿、針、糸、油性フェルトペン、安全ピン

作り方

①フェルトを図のように、動物の形に 2 枚重ねて切ります。
②目鼻や名前をフェルトで作ったり、油性フェルトペンでかきます。
③フェルトの切りくずや綿を少し入れて膨らみを作り、糸で周りを縫います。縫い目をそろえてきれいにしあげましょう。
④安全ピンを縫いつけます。

綿を詰める。
すずき
かおり
フェルトを切ってはる。
フェルト

ポイント

- かわいい名札をつけたら、子どもに気づいてもらえるように少し胸を張ってみましょう。

きのした
さやか
たなか
まいな
みやした
ひろみ

アレンジ

- サクラ組ならサクラの形、リス組ならリスの形にするなど、クラスの名前にちなんだ形にしてもよいでしょう。
- 鈴をつけると、音が出て楽しくなります。

わたしの名前はなんでしょう？

自己紹介をクイズ形式でしてみましょう。自分の名前と子どもたちの身近なものを結びつけて、名前を覚えてもらうきっかけにしましょう。

先生の名前はなんでしょう？ ヒントはこの絵です。
白くてサラサラしているよ。
四角いのもあるよ。
コーヒーや紅茶にも入れるよ。
さとうせんせいだーー！

〈絵文字バージョン：（例）ささき〉

なんと読むでしょう？ 一つ一つ読んでみるとわかるよ。
たなばたにお願い事を書いて飾るものは？

〈隠れんぼバージョン：（例）ありさ〉

先生の名前には、黒い小さな生き物が住んでいるの。甘いものが大好きで、せっせと働くのよ。わかるかな？

ポイント

- 「ありんこ先生って呼んでね」など、ニックネームにすると、覚えてもらいやすいでしょう。

指人形であいさつ 4·5歳児

指人形で「こんにちは！」泣いている子どももにっこりします。

準備するもの

画用紙、ハサミ、油性フェルトペン

作り方

①図のように、画用紙（12×8cm）の下2.5cmに折り目をつけて、指が入る大きさの穴をあけます。
②画用紙の上部に自分の顔や動物の顔を、油性フェルトペンでかきます（顔の部分だけ折り紙や色画用紙にしてもよいでしょう）。

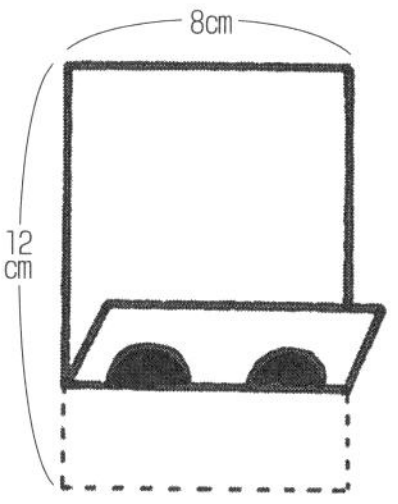
8cm
12cm

ここに指を入れて、
足のように動かす。

※図のように中指とひとさし指を二つの穴に入れて、子どもに向かって話しかけながら指（足）を動かします。

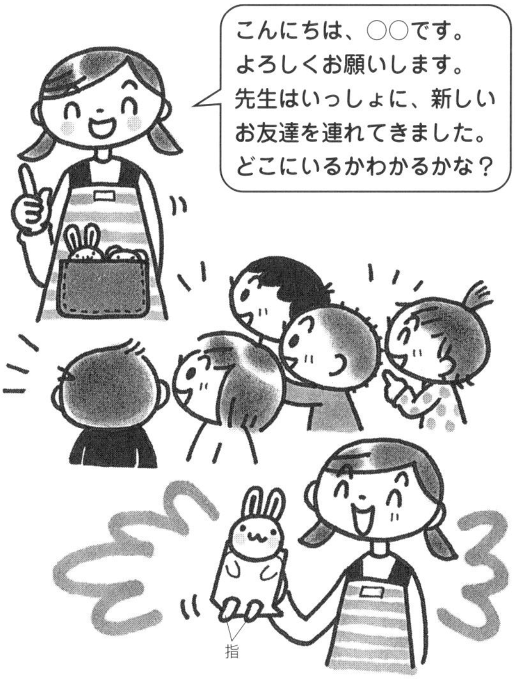
こんにちは、○○です。
よろしくお願いします。
先生はいっしょに、新しいお友達を連れてきました。
どこにいるかわかるかな？
指

ポイント

- 平らなので、胸ポケットに入ります。顔の部分だけ出して、子どもの興味を引きましょう。
- 数人の子どもに話しかけたり、泣いている子どもをあやすのに最適です。

折り紙のカラス 4·5歳児

準備するもの

折り紙またはカレンダーか画用紙

作り方

（考案：大橋　皓也）

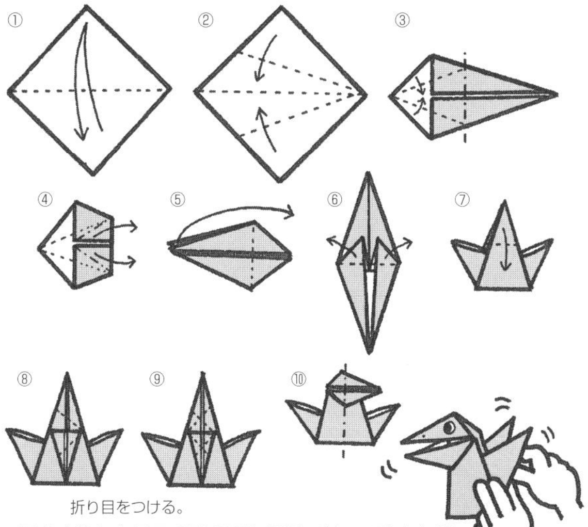
①
②
③
④
⑤
⑥
⑦
⑧
⑨
⑩
折り目をつける。

※図のようにカラスの羽の下を両手で持って左右に動かすと、くちばしをパクパク動かしてお話をします。

ポイント

- 新聞紙などの大きな紙で作ると、よく目だちます。

○○先生とぼくとみんなで、仲よくたくさん遊ぼうね。

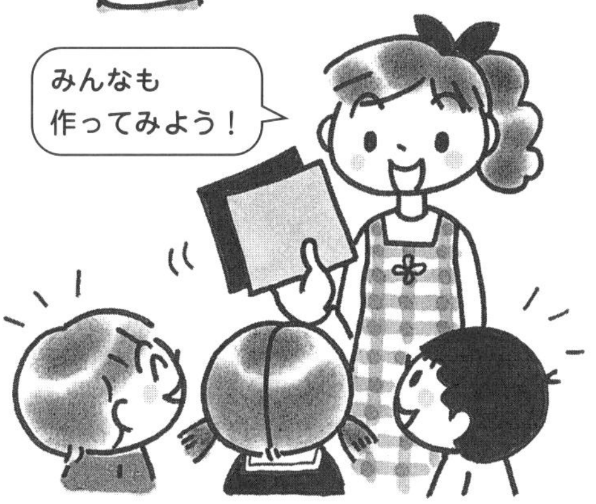
みんなも
作ってみよう！

アレンジ

- 折り紙のカラスを使って、「こんにちは！」とあいさつが終わったら、折り紙を準備しておいて、子どもといっしょに「カラス」を作りましょう。それだけで、もう親しくなります。

実習の始まり
Goodコミュニケーショングッズ

自己紹介するときや子どもに話かけたいとき、泣いている子どもに話しかけたいときなど、このパクパクを使うと、子どもの目をくぎづけにできます。その後子どもに渡すと、パクパクを動かしながらお話します。実習前に一つ作っておきましょう。

牛乳パックのパクパク 4・5歳児

準備するもの

牛乳パック、色画用紙、ハサミ、木工用接着剤

作り方

①牛乳パックをよく洗い、図のように対辺をハサミで切ります。
②底を三角に折って開き、口の部分に赤の色画用紙をはりましょう。
③顔の部分に色画用紙をはって、目鼻や耳や角を作ります。胴にも色画用紙をはって、手足をつけてもよいです。
④口の裏側に、指を挟む部分を作ります。

ポイント

そしらぬ顔で頭だけを少しのぞかせて、パクパクさせておきます。

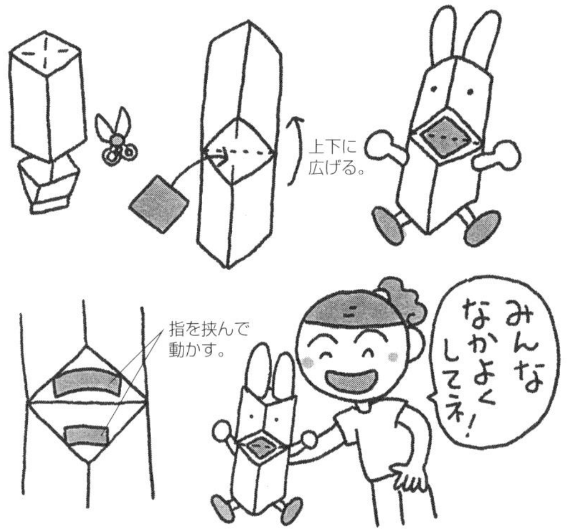

ティッシュペーパーの箱のパクパク 4・5歳児

準備するもの

ティッシュペーパーの空き箱、色画用紙、折り紙、毛糸、ハサミ、のり、木工用接着剤

作り方

①ティッシュペーパーの空き箱やお菓子の空き箱を、底を切らずに中心から二つに切って曲げましょう。
②口の中に赤色系の色画用紙をはりましょう。
③色画用紙や折り紙や毛糸を使って、目、耳、角、髪などを作りましょう。
④指が外れにくいように、指を挟む部分を作ってもよいです。

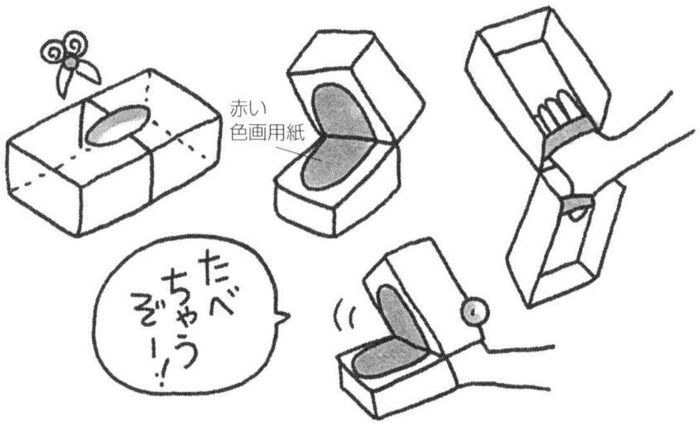

ポイント

- 子どもと作る場合は、ティッシュペーパーの空き箱を前もって集めておきましょう。

紙袋のパクパク 4・5歳児

準備するもの

底にマチがある紙袋、色画用紙、折り紙、ハサミ、のり

作り方

①底にマチがある紙袋を用意しましょう。
②手を図のように入れて、口をパクパク動かして、何の動物にするか見たてあそびをしましょう。
③どんな動物を作るか決まったら、色画用紙や折り紙を使って、目鼻、口、耳、角などを作ると出来上がりです。

ポイント

- 保育の前に保育者が一つ作っておいて、子どもの前で動かしながら話しかけましょう。子どもが「つくりたーい」と言ったらしめたもの。子どもの興味をうまく引き出しましょう。

実習の始まり
低年齢児クラスのための布の人形

0～2歳児クラスの担任になったとき、子どもとどうコミュニケーションをすればいいか、少し心配です。そういうとき、こんな布の人形を作ってみましょう。

軍手の指人形

準備するもの

軍手、フェルト、綿、ハサミ、油性フェルトペン、毛糸、針、糸、接着剤

作り方

①5本の指に綿を詰めて、フェルトや油性フェルトペンで動物の顔を作ります。首は毛糸や糸で絞りましょう。
②5本の指を使ったお話を考えましょう。

ポイント

- クマやウサギの家族、3匹の子ブタ、5種類の動物など、親しみやすいものがいいでしょう。
- 「動物園へようこそ」「これからよろしくね」などと話しかけましょう。

靴下のパクパク人形

準備するもの

靴下、綿、フェルト、ボール紙、ボタン、毛糸、ハサミ、針、糸、油性フェルトペン、接着剤

作り方

①靴下に綿を詰めて、自分の手を靴下に入れて動かしてみて、どんな動物にするか考えましょう。
②図のように、靴下の底の部分にボール紙でしんを作り（接着剤ではる）、赤いフェルトで口を作りましょう（針、糸で縫う）。
③口ができたら、動かしてみて綿を調整します。
④フェルト、毛糸を使って、動物の耳、たてがみ、目（ボタン）、鼻を作りましょう。油性フェルトペンでかいてもよいです。
⑤動物の気持ちになってお話してみたり、鳴き声を出しながらパクパクと動かしましょう。

ポイント

- イヌ、ライオン、ネコ、キツネなどがいいでしょう。

二つの顔をもつ人形

準備するもの

発泡スチロール玉、はし、布、フェルト、綿、毛糸、ハサミ、針、糸、油性フェルトペン、接着剤

作り方

①発泡スチロール玉を布で覆い、頭部を作ります。帽子をかぶらせたり男女にするなど、二種類の人形の違いがはっきりわかるようにしましょう。
②マントは表と裏で変わるように二重にします。赤と黒というように、色や衣装を変える工夫をしましょう。
③頭部（上向き）→マント→頭部（下向き）の順に、はしに刺します。

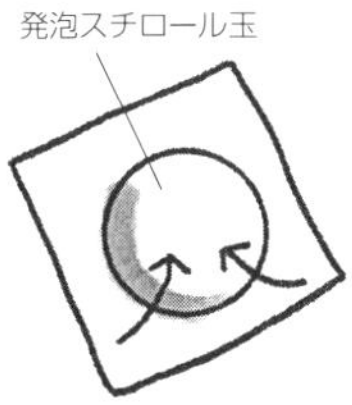

※棒を反対にすると、別の顔が出てきます。

ポイント

- 乳幼児の人形やおもちゃを作るとき、口に入れたり、かんだり、なめたりしますので、部品が取れたり、破れたり、ちぎれたりしないように、安全でじょうぶに作りましょう。

低年齢児と遊ぼう

体で遊ぶ(顔・手・足)

顔や手足に触れながらのあそびは、子どもの五感を刺激し、中枢神経の発達を促します。

また、1対1で遊ぶことで、スキンシップが図られ、情緒的な安定ももたらします。子どもに優しく語りかけながら遊びましょう。

手あそび 0~2歳児

遊び方

歌に合わせて子どもの手を動かします。子どもの手を手のひらに載せる→口に当てる→かいぐりをする→ひとさし指で手のひらを指す→手で頭に触れる→ひじをたたく。

ポイント

- 子どもと向かい合いながら、いっしょにリズムに乗って遊びます。

アレンジ

- 最後の歌詞を、「おなかぽんぽん」や「ほっぺつんつん」と変えてみましょう。
- 「アワワ」や「おつむてんてん」は子どもの手を取って、保育者の口や頭に当ててみるのもよいでしょう。

ちょちちょちあわわ(わらべうた)

チョチ チョチ ア ワ ワ かいぐりかいぐり とっとのめ おつ ーむてんてん ひじポンポン

くすぐりあそび 0~2歳児

遊び方

歌に合わせて子どもの手を触ります。ひとさし指で手のひらをさする→手のひらの上を滑らせる→軽くたたく→軽くつねる→手のひらから腕へ2本指でたどっていく→最後はくすぐる。

ポイント

- 歯切れよく、アクセントをつけて唱えましょう。
- 手の甲をさするときは、5本の指を動かして少し感じの悪い言い方もしてみます。言い方の雰囲気で、あそびがスリルとリズムのあるものになっていきます。

アレンジ

- 手だけでなく足にしたり、体のいろんな所をくすぐってみましょう。

いっぽんばしこちょこちょ(わらべうた)

(はやく)
いっぽんばし こちょこちょ すべってたたいて つねって かいだんのぼって コチョコチョ

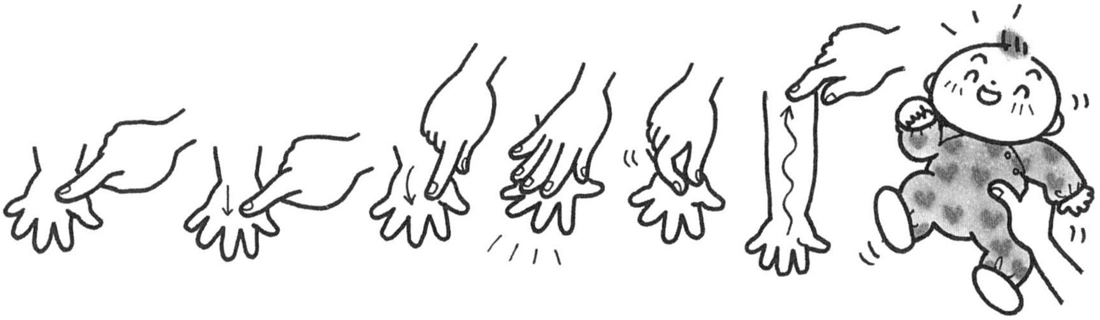

顔あそび　0〜2歳児

遊び方

子どもと向かい合って、「メン、メン、スースー、ケムシニ、キクラゲ、チュ」と唱えながら、順に左目じり→鼻筋→左まゆ→左耳たぶを2回ずつ触っていき、最後の「チュ」で口の上に手を当てます。

ポイント

- 向かい合ったときの距離は、あまり近寄りすぎないよう、お互いに手をまっすぐ出して触れるくらいの距離にしましょう。
- 直接触られるのをいやがる子どももいます。そのときは触れるか触れないかぐらいの距離か、指さすだけにしてみましょう。
- 言葉はなるべくつなげて、ゆっくりと、言いましょう。
- 2歳児では、してあげるだけでなく、子どもにもお返ししてもらいましょう。

メンメンスースー（わらべうた）

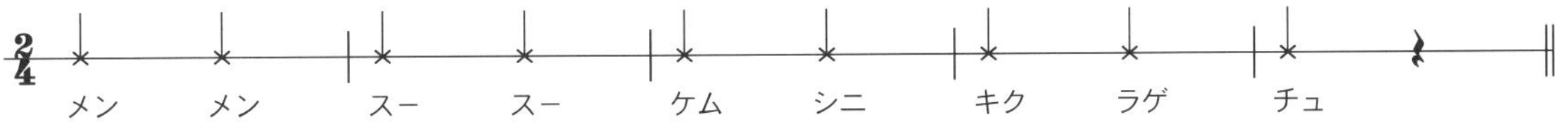

足あそび　0〜2歳児

遊び方

①子どもの足首を持ち、「アシ、アシ、アヒル、カカトヲ、ネラエ」と唱えながら、かかとを床に交互に軽く打ちつけます。

アレンジ

- 0歳児は寝ている状態で、1・2歳児は座った状態でも遊べます。
- オムツ交換のときに脚全体をさすりながらしてあげると、心地良く、より触覚を刺激するあそびになります。

②「イチリ（両足の親指をつかむ）、ニリ（足首をつかむ）、サンリ（ひざをつかむ）、シリシリシリ（両側でおしりの下をくすぐる）」と唱えながら、子どもの素足を両手でつま先から順に触っていくあそびです。

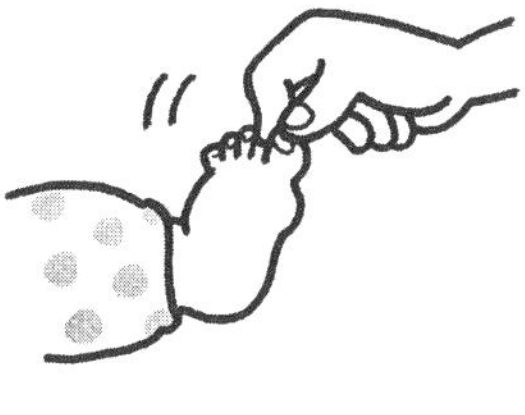

アレンジ

- 同じあそびを、手の指先→手首→ひじ→わきの下と変えて遊ぶこともできます。
- 寝た状態でも、座った状態でも、立った状態でもできるあそびです。子どもの年齢などに合わせてやってみましょう。

ひざ乗せ・足乗せあそび　1・2歳児

遊び方

①正座して座った上に子どもを腰掛けさせて、「オスワリヤス、イスドッセ、アンマリノッタラ、コケマッセ」と唱えながら、ひざを左右に揺すります。

ポイント

- 腰掛けるときの向きは、内向き外向きどちらでもいいです。子どものようすに応じてやってみましょう。
- 2歳児なら、唱えの最後にひざを開いて、子どものおしりを床に落とすこともできます。スリルのある楽しいあそびです（あまり勢いよく落とさないようにしましょう）。

②子どもの両手を取って、両足の上に子どもの両足を乗せ、「カッテコ、カッテコ、ナンマンダ、ヨウソノボウサン、シリキッタ」の唱えに合わせて前や後ろに歩きます。

ポイント

- 大またで歩いたり、小さく歩いたり、ふだん子どもが経験できないような歩きもしてみましょう。
- 手を持つ状態では不安定な場合は、背中に手を回して体を支えたり、ひじの辺りを持ったり、子どもが安心して遊べるように気をつけましょう。

低年齢児と遊ぼう

遊具で遊ぶ

1・2歳のころは、立って歩けるようになった後、行動範囲が一気に広がる時期であり、あそびを通して基礎的な運動技能が発達していくときでもあります。

身近な遊具を用い、個人的なかかわりの中でさまざまなあそびに誘いかけ、子どもの運動発達を助けます。

ボールころころ　1・2歳児

遊び方 向かい合ってボールを転がし合います。

アレンジ

①ベンチを斜めに置いて、坂道を転がします。

- ベンチの先に箱を置いて、そこにボールが入るようにします。
- ベンチの先に保育者がいて、転がってきたボールを受けます。
- 保育者が転がして、子どもが受けます（2歳児）。

②またの下から転がします（2歳児）。

- 保育者が立って、そのまたの下にボールを転がします。
- 子ども同士でもやってみます。

ボールけり　1・2歳児

遊び方

- 静止したボールを、壁に向かってけります（2歳児）。
- 保育者に手を握って支えてもらいながら、ボールをけります（1歳児）。

アレンジ

- ゴムボール以外に、毛糸や端ぎれを丸めて作ったボール、スーパーの袋に新聞紙を詰めて丸くしたもの、スポンジでできたボールなど、いろいろなボールで試してみましょう。

積み木またぎ　1・2歳児

遊び方

①床に大型積み木を20cmくらい空けて置きます。
②大型積み木の上を歩いて渡ります。
③最初は保育者が手を持って、補助します。

アレンジ

- 積み木をまたいでみましょう（2歳児）。
- はしごやじょうぶな板があれば、積み木の上に載せて渡ってみましょう（2歳児）。

ポイント

- 目で見て空間を認識する力を育てます。
- 声をかけながら、初めは手を引いてしましょう。

お荷物運び　1・2歳児

遊び方

ポロプロピレンのコンテナの中に重みのあるものを入れて、押していきます。

ポイント

- 子どもが腰や足のふんばりで押していけるぐらいの重さになるように、箱の中に入れるものの種類や数を考えましょう。
- 室内でするときは、段ボールなどのしっかりした箱でもかまいません。

大風　1·2歳児

遊び方

①布（ふろしき、スカーフなど）を用意します。
②両端を持って子どもの前でゆっくり振ります。「風さん、風さん、ふわふわふわ」と何度か言いながら振り、最後に天井の方に放します。落ちてくる布の下に入ったり、手で受けたり、頭で受けたりします。

アレンジ

• テーブルクロスくらいの大きな布を、4～5人の子どもといっしょに持って遊べば、運動が大きくなり、楽しいあそびとなります（2歳児）。

ハンモック　1·2歳児

遊び方

布の上にぬいぐるみか人形を乗せます。子どもとふたりで布を持ち、ハンモックのように揺らします。

ポイント

• 子どもがふだんよく遊んでいるぬいぐるみ（例えばクマのぬいぐるみ）などを選んで、布に乗せましょう。「クマさんがお昼寝できるように、ゆっくり揺すってみようね」などのことばがけで、あそびのイメージづくりと動作を助けます。

アレンジ

• 少し大きなしっかりとした布に子どもを乗せて、保育者ふたりが持って揺らす遊び方にも展開できます。持ち上げず、ゆっくりと引っ張ることもできます。子どものようすと希望に合わせて選びましょう（2歳児）。

トンネルくぐり　2歳児

遊び方　（1～5人）

①フープを床に立てて置きます（小さい子どもの場合は、保育者が持ちます）。
②子どもがフープの輪をくぐり抜けます。「トンネルをくぐるよ。天井にぶつからないように、じょうずにくぐれるかしら？」などのことばがけで、子どもの動作を助けましょう。

アレンジ

• フープの数を増やしてトンネルを長くしたり、くぐる動作の課題を四つんばい→高ばい→しゃがみ歩きなどに変化させたり、子どもの発達段階に合わせてあそびを発展させていきましょう。

ドライブ　1·2歳児

遊び方　（1～5人）

①イスを一列または二列に並べます。
②保育者が先頭に座り、子どもたちは後ろのイスに腰掛けます。
③保育者は運転手です。「○○へ出かけますよ。みんなバスに乗ってください。出発！」「△△へ着きました。降りてください」を繰り返して遊びます。

ポイント

• 「右へカーブします」「左へ曲がります」などのことばがけで、左右へ少し傾く動作なども引き出します。
• 「遊園地に着きました。少し遊んでいきましょう」と、イスの周りを歩く動作なども加えることによって、イメージを楽しみましょう。「発車しまーす」で全員座ります。
• 立つ、座る、歩く動作が組み合わさることで、動きと平衡性の育ちを助けます。

低年齢児と遊ぼう

ミニ集団あそび

2歳児以上になると、走る、跳ぶなどの基本的な運動技能の発達とともに、動きは軽やかさが増し、また、友達とかかわって遊ぶ場面も増えてきます。

少人数でのミニ集団あそびを通して、運動発達や社会性の発達に働きかけましょう。

つながり歩き　2歳児

遊び方　（3～5人）

「モグラモックリショ、キネモッテドッコイショ」の唱えに合わせて、保育者が先頭になって前の人の腰に手をやり、つながって歩きます。体を左右に揺らしながら、リズムをとって歩きます。

ポイント

- 子どもがつながりを崩さずに進める速さで唱えましょう。

モグラモックリショ（わらべうた）

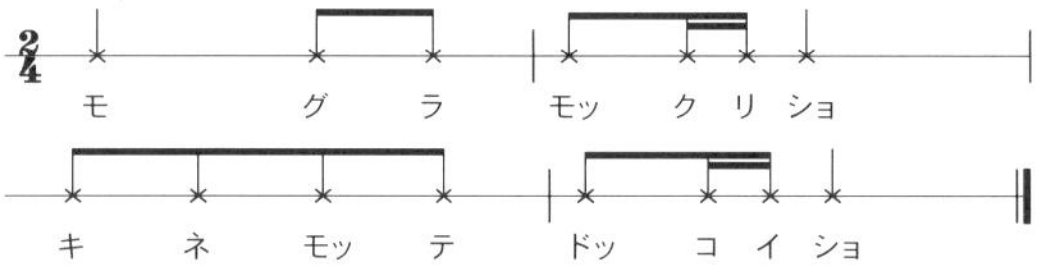

アレンジ

- 慣れてきたら「ドッコイショ」の「ショ」のところで、しゃがむ、両足でジャンプするなどの動作を入れてみると、運動量も増し、変化も楽しめます。

箱渡り　2歳児

遊び方　（3～5人）

①ミカン箱くらいの大きさの台を、いくつか並べます。
②台の間を、台に触れないように歩きます。
③上ったり降りたりしながら、移動します。
④並んだ台の周りを走ります。

ポイント

- 保育者が先頭で、列車のように一列で進んでも楽しいでしょう。「わたしが運転手。みんな後についてきてね」「お山の間を進みます」「山に登ったり谷に下りたり」「特急列車、スピードを上げるよ」「駅に着いたよ。台に腰掛けて休憩」など。
- 手はつなぎません。列で進むだけです。

アレンジ

- 台をコーンに変えて、谷を越えるように進んだり、台と台にはしごを架けて四つんばいで進んだり、台も違う高さの台を用意したり、子どものようすに合わせて用具の使い方を変化させます。

信号あそび　2歳児

遊び方　（3～5人）

①最初に、「赤は止まれ、青は進め」であることを子どもに伝えます。例えば、「今からドライブに行くよ。青信号になったら歩いてね、赤になったら止まるよ」というように。
②子どもたちは自由に歩きます。「そろそろ赤ですよ、赤です。止まれ」の合図で、子どもたちはしゃがみます。
③「青になりました。歩きましょう」と、繰り返して遊びます。

ポイント

- 子どもは急には止まれませんので、必ず「そろそろ止まりますよ」という、準備のできることばがけをしましょう。
- 合図に合わせて歩く、止まるということが課題です。うまくできたら、「とってもよく聞いているね、耳のいい運転手さんですね」のような言葉をかけて評価してあげたり、「じゃあ今度は、少しスピードを出してもうまく運転できるかしら？」と、走る、止まるという段階に進むこともやってみましょう。

アレンジ

- 赤い布と青い布で合図をすることもやってみましょう。目と耳両方の注意力を必要とします。
- 床に赤色のフープを並べて置いて、「赤です」の合図でどれかのフープに入ります。「青になりました」で、フープから出て歩くという展開もあります。

低年齢児と遊ぼう 音の出るおもちゃいろいろ

音の出るおもちゃをみんなで作って、音楽やリズムに合わせて鳴らして遊びましょう。

マラカス 2〜5歳児

準備するもの

ポリ容器、ビニールテープ、豆や小石、油性フェルトペン

作り方

①ポリ容器に、豆や小石を入れます。
②ビニールテープで二つの容器を接続します。
③ビニールテープや油性フェルトペンで模様をつけます。

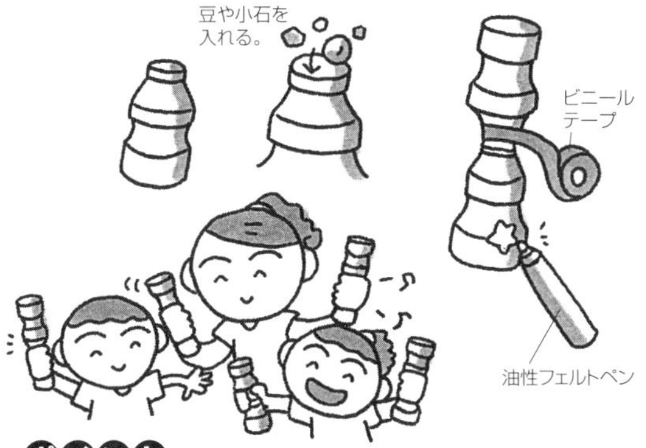

ポイント

- 完成したら、『おもちゃのチャチャチャ』などの歌を、拍子をとってうたって遊びましょう。

チャチャチャ 2〜5歳児

準備するもの

フイルムの空き容器（できるだけたくさん写真屋さんからもらってきましょう）、ストロー、豆、小石、針金、千枚通し（きり）、ハサミ、ペンチ、ビニールテープ

作り方

①フイルム容器の底とふたに、千枚通し（きり）で穴をあけます（保育者があけておいてもよいでしょう）。
②豆や小石を中に入れます。
③ストローを2.5㎝ぐらいに切ります（できるだけたくさん）。
④針金に、フイルム容器、ストローを交互に通していきます。
⑤針金の先を、ペンチで曲げて切ります。

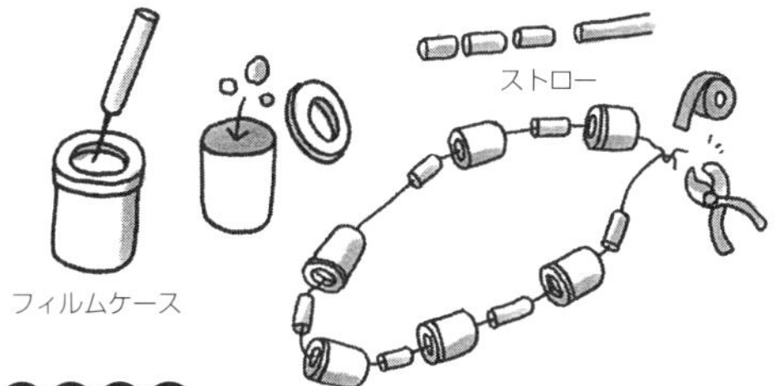

ポイント

- ペンチで針金を切るときは、保育者が手伝いましょう。安全のため、端にはビニールテープを巻いておきます。

王冠のチャチャチャ 3〜5歳児

準備するもの

王冠、タオルまたはぞうきん、金づち、くぎ、ストロー、針金、ハサミ、ペンチ、ビニールテープ

作り方

①王冠をタオルかぞうきんの上に載せて、くぎで穴をあけます。
②ストローを2.5㎝ぐらいに切ります（できるだけたくさん）。
③針金に王冠を3〜5個通します。所々ストローを挟みましょう。
④王冠が通ったら針金を輪にして、端をねじって持つ所を作って完成です。

ポイント

- 安全のため、端にはビニールテープを巻いておきましょう。

カップのガラガラ 4・5歳児

準備するもの

紙コップやアイスクリームの容器、丸ばし、ビニールテープ、豆や小石、油性フェルトペン、折り紙、ハサミ、のり

作り方

①容器の端を少し切り、模様をかきます。
②小石や豆を入れて、丸ばしを挟んでビニールテープで留めます。
③先端に折り紙を切ってはったり、丸ばしにテープを巻いて飾りをつけます。

ポイント

- 丸ばしを挟むために容器に切り込みを入れるところは、保育者が支援しましょう。

身近なもので遊ぼう

子どもに人気がある折り紙

　折り紙は、手先を器用にしたり、集中力を育てたりする日本伝統の文化です。実習に行く前に、10種類ぐらいは作れるようにしておきましょう。

　折り紙を教えるときは、2〜5人のグループに手の届く位置で教えましょう。

スペースシャトル　5歳児

　2分間でできます。斜め上にそっと飛ばすと、スーと飛んでいきます。子どもから大人まで人気があります。

作り方

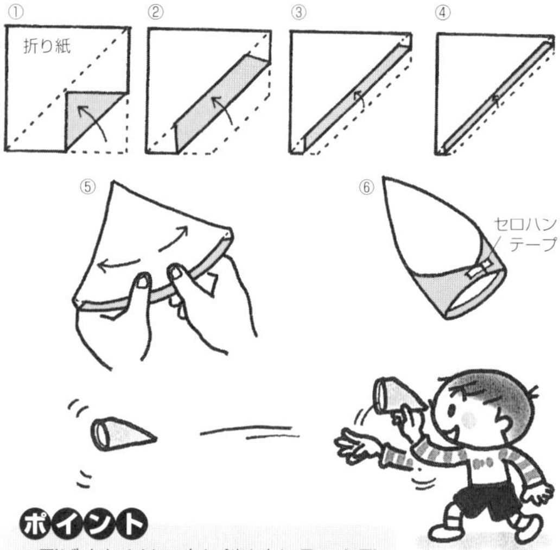

①
折り紙
②
③
④
⑤
⑥
セロハンテープ

ポイント

- 飛ばすときは、少し斜め上にそっと飛ばすようにしましょう。

紙鉄砲　4・5歳児

　チラシや上質紙など、大きい紙で作りましょう。勢いよく振り下ろすと、大きな音が出ます。

作り方

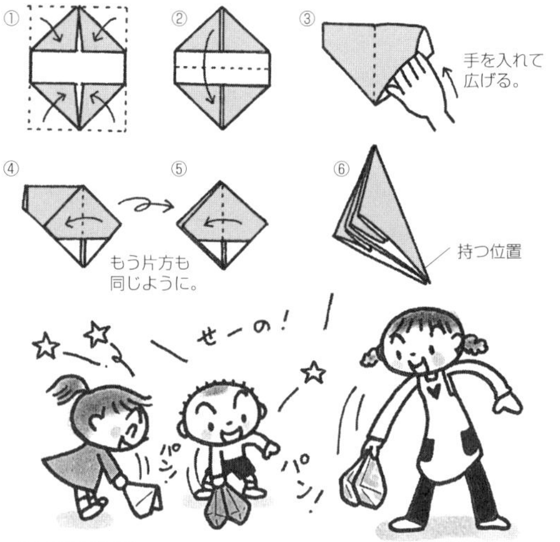

①
②
③
手を入れて広げる。
④
⑤
もう片方も同じように。
⑥
持つ位置
せーの！

ポイント

- 少し固めの紙を使うと、大きな音が出ます。

折り紙パクパク①　4・5歳児

　子どもに話しかける折り紙パクパクです。泣いている子どもも笑いだし、みんなニコニコします。

作り方

①
②
③
裏返す。
④
⑤
⑥
カラーフェルトペンで絵をかく。

ポイント

- 子どもとの間隔を1ｍぐらいにして、近づけたり傾けたりして話しかけましょう。

折り紙パクパク②　4・5歳児

　長方形の紙で作ります。泣いている子どもに、口もとで動かしながら話をすると、子どもは泣くことを忘れて注目します。

作り方

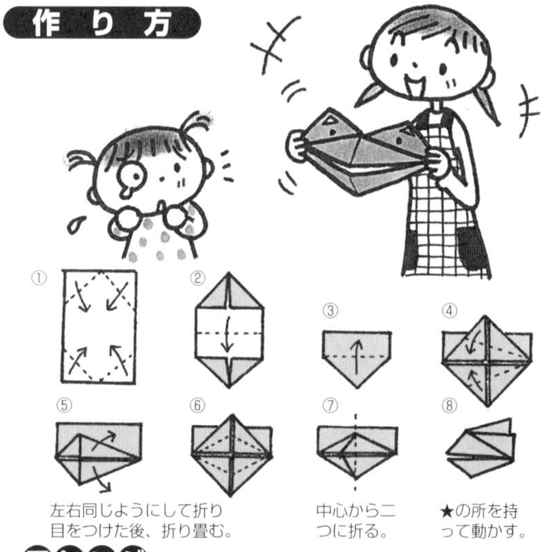

①
②
③
④
⑤
⑥
⑦
⑧
左右同じようにして折り目をつけた後、折り畳む。
中心から二つに折る。
★の所を持って動かす。

アレンジ

- 保育者がやってみせたら子どもに渡して、いっしょにお話をしましょう。

羽ばたく折りツル　5歳児

図の1〜10までは、折りツルと同じ折り方です。このツルは羽ばたくから人気があります。

作り方

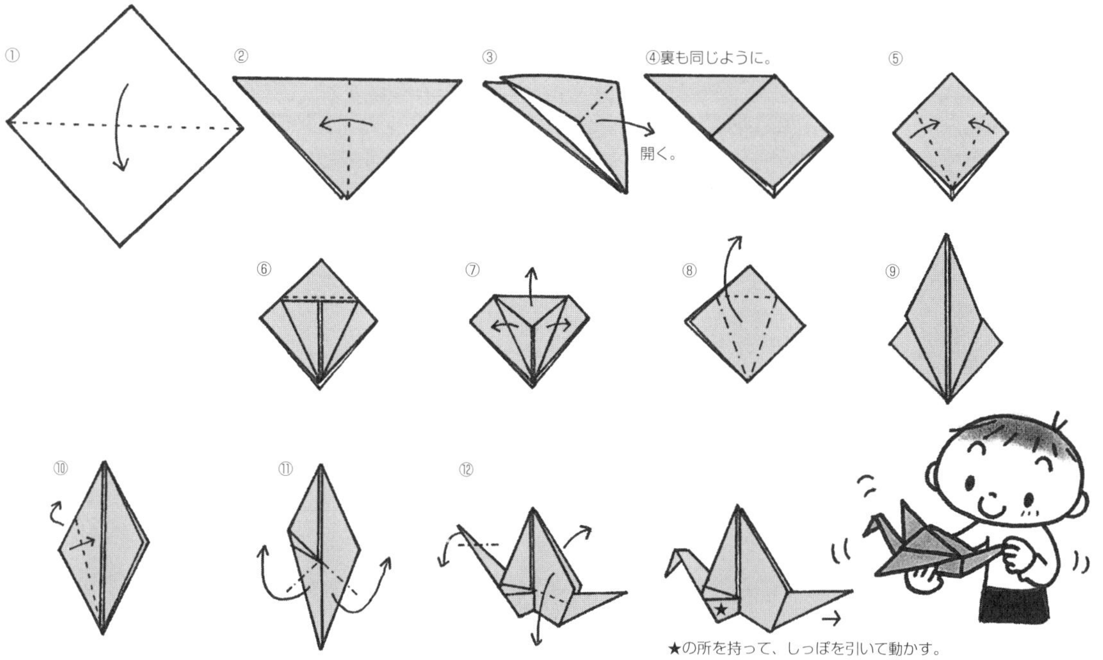

★の所を持って、しっぽを引いて動かす。

ポイント

- 普通の折りツルと違って、羽ばたく折りツルは動くので、子どもも大喜びで興味をもつでしょう。
- 最初は★の所を持って、しっぽをゆっくり引っ張りましょう。しだいに速く動かしていき、バタバタ羽ばたくようすを子どもといしょに楽しみましょう。

コップ（手紙入れ袋）　4·5歳児

折り紙１枚で簡単に作れるコップ。手紙を入れて贈るのもいいでしょう。

作り方

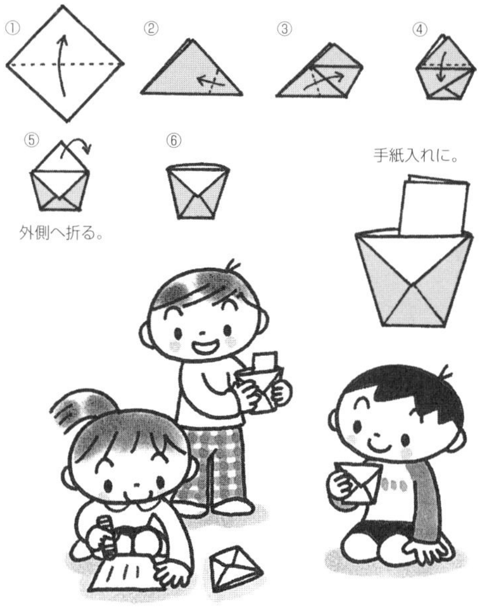

アレンジ

- たくさん作って、友達や家族にプレゼントしましょう。

カブト　4·5歳児

端午の節句のカブトを、折り紙で作ってみましょう。折り紙で作ると、指人形サイズのカブトができます。

作り方

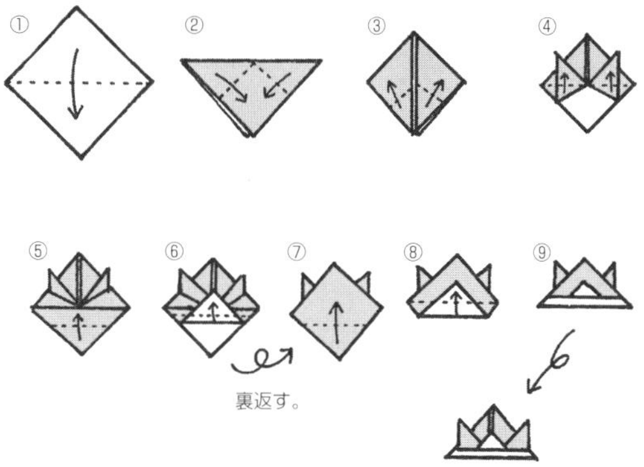

アレンジ

- 新聞紙やチラシを使って大きなカブトを作ると、実際にかぶることができます。
- フェルトペンで色をつけたり、毛糸やボタンで飾りをつけてみてもよいでしょう。

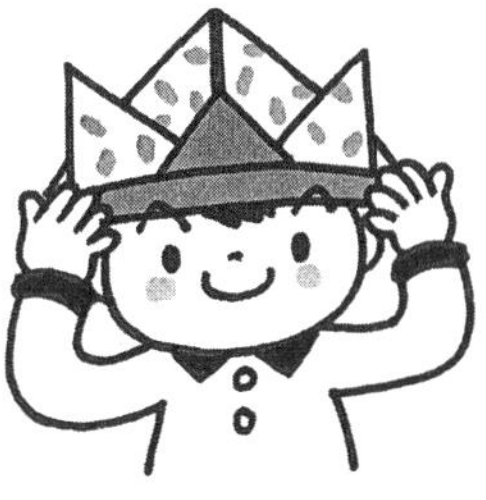

身近なもので遊ぼう

切り紙でちょこっと飾り

折り紙を折って切ると、星型、雪の結晶など、対称形のきれいな形ができます。子どもといっしょに作って、たなばた祭りや室内装飾にも生かせます。

星・サクラの花・雪の結晶 3〜5歳児

五角の星とサクラ、六角の星と雪の結晶です。

準備するもの 色画用紙、折り紙、ハサミ

ポイント
- ハサミで切る角度によって、切り込みのとがった感じや滑らかな感じになります。

作り方

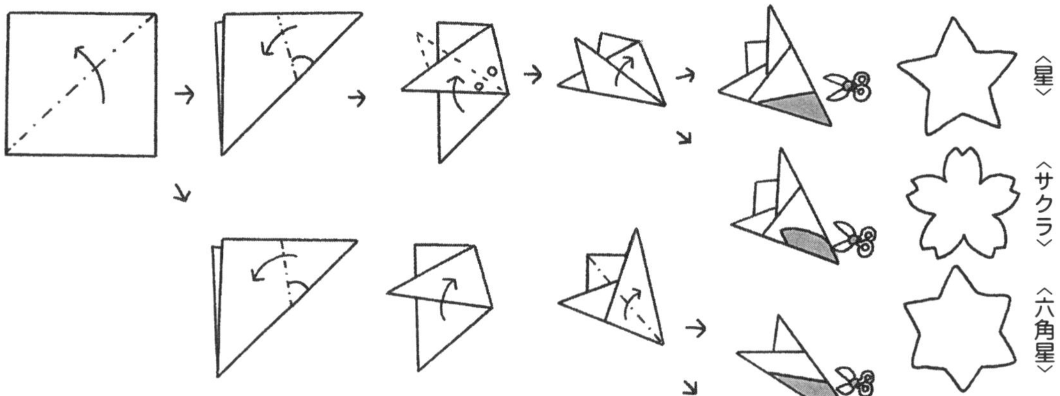

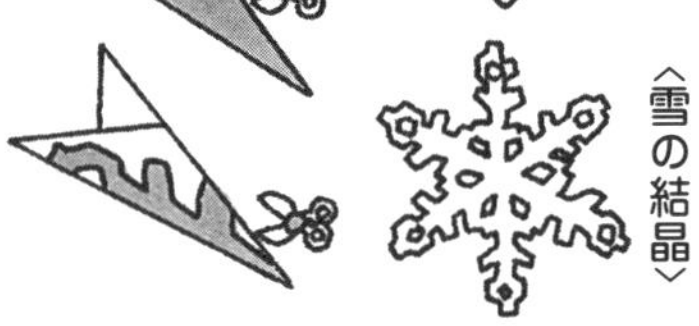

アレンジ
- 色を変えたり、切り込みの角度を変えてみましょう。
- 「雪の結晶」は、切り方を変えるといろいろな模様ができます。

鎖(たなばたの飾り) 3〜5歳児

部屋の飾りや、たなばた祭りに作ってみましょう。

作り方

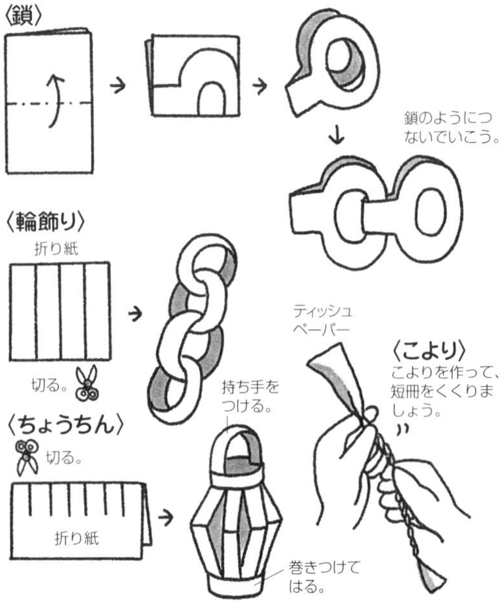

連なり人形 3〜5歳児

紙をじゃばら折りにして人や動物の連なり人形を作りましょう。

作り方

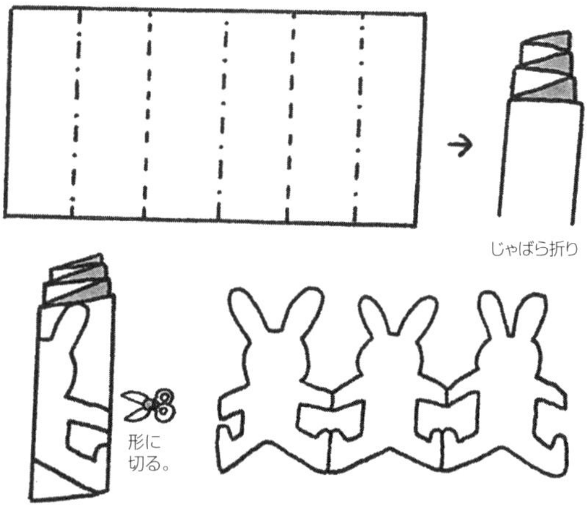

アレンジ
- 重ねておいて、順に開いていくと、手品のネタになります。「ひとりがふたりになって、3人になって…」
- 長くつなげて6人にすると、もっとおもしろくなります。

身近なもので遊ぼう

食べ物を作ろう

子どもは食べ物を作るのが大好きです。子どもの関心や年齢に合わせて、いろいろな食べ物をみんなで作りましょう。

食べるまねをして、イメージあそびをしましょう。

お好み焼き 2～5歳児

準備するもの

画用紙、折り紙、毛糸、ハサミ、のり、クレヨン、紙皿

作り方

①丸く切った紙をぐしゃぐしゃにし、広げてお好み焼きの生地を作りましょう。

②生地に毛糸や折り紙の具をはり、ソースやマヨネーズを塗ったり、アオノリをかけたりします。クレヨンでかき込んでもよいでしょう。

③紙皿に載せ、のりづけして出来上がりです。

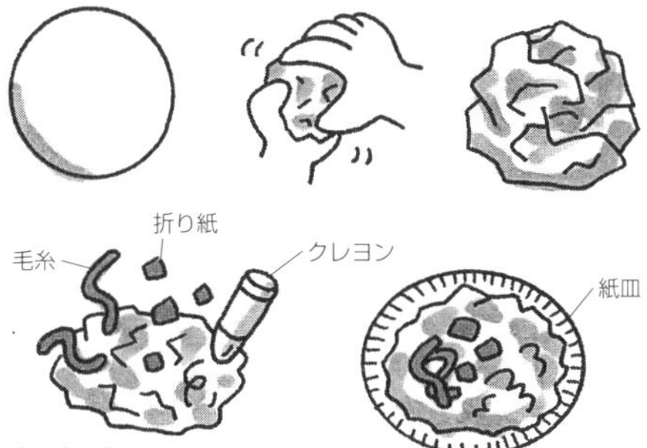

アレンジ

- 身近にあるものを利用して、はりつけましょう。

ホットケーキを作ろう 1～3歳児

準備するもの

フライパンの形に切った黒色画用紙、丸く切った画用紙（ホットケーキ）、1～2cm角に切った黄色い画用紙（バター）、のり、クレヨン、水彩絵の具、筆

作り方

①「今日はホットケーキを作ります」「ホットケーキを食べたことありますか」と言って始めます。

②バターをはったり、クレヨンでクリームなどをかきましょう。

③最後に筆で、水彩絵の具のハチミツを塗ります。

④ひとりずつフライパンにホットケーキをはって出来上がり。掲示板にはりましょう。

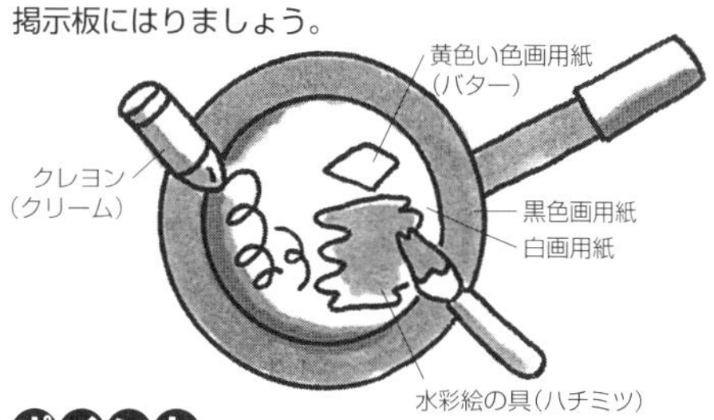

ポイント

- 「焼けたかな？　焼けたかな？」「いいにおいがしてきたかな？」と話しながら作りましょう。

お弁当を作ろう 1～5歳児

準備するもの

色画用紙、折り紙、ハサミ、のり、クレヨン

※B6判ぐらいの大きさの色画用紙を数色準備して、その四隅を丸く切っておくと、お弁当箱の形になります。

作り方

①お弁当にどんなものを入れたいか話し合いましょう。目玉焼き、ソーセージ、おにぎり…。

②クレヨンでかいたり、折り紙を切ってはりましょう。

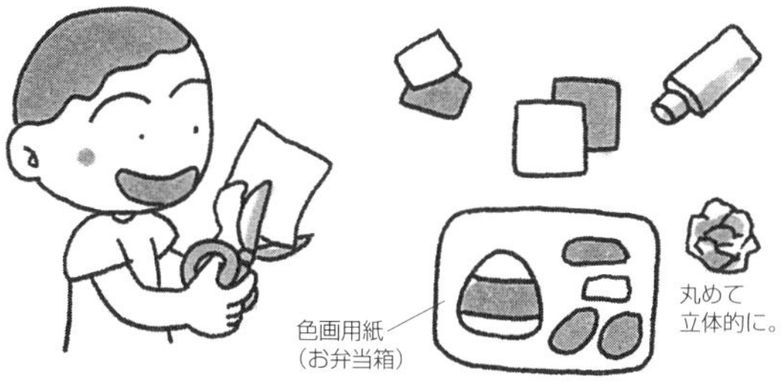

アレンジ

- 1～3歳児は、クレヨンでかきましょう。
- 4・5歳児では、画用紙を丸めたり、立体的に作ったりしてもよいでしょう。

リュックサックを作ろう 1～5歳児

準備するもの

色画用紙（四つ切り）、折り紙、ハサミ、のり

作り方

①子どもが選んだ四つ切りの色画用紙を、できれば子どもの目の前で半分に折り、図のようにリュックサックの形に切ります（時間がないときは、後で作りましょう）。

②袋の部分に、子どもが作ったお弁当をはります。

③リュックサックのふた、ベルト、花型の名札をはります。

④完成したら名札に名前を書いて、掲示板にはりましょう。

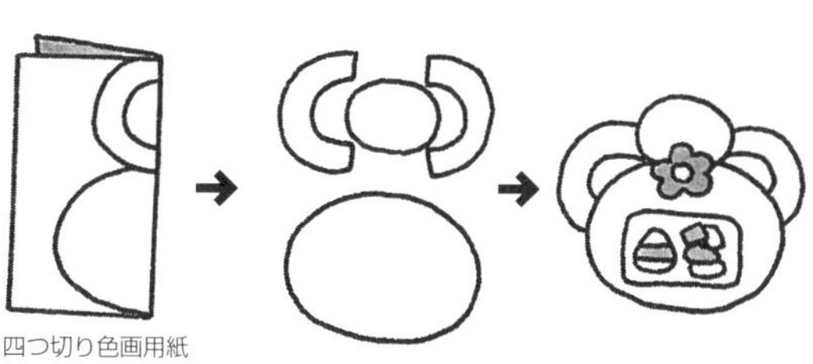

アレンジ

- ふたの部分を動物の顔にすると、もっと楽しいです。
- 5歳児なら、リュックサックも自分で作れます。ベルトはスズランテープにしてもよいでしょう。

身近なもので遊ぼう

紙コップを使って

紙コップを使っていろいろなものを作って、遊んだり飾ったりしましょう。

糸電話を作ろう　4・5歳児

準備するもの

紙コップ、たこ糸(2m)、ストロー(またはつまようじ)、クリップ、千枚通し(きり)、ハサミ

作り方

①紙コップの底に千枚通し（きり）で穴をあけます。
②2mのたこ糸の端を紙コップの穴に通して、1cmぐらいに切ったストロー（またはつまようじ）に結びます。
③糸のもう一方に、クリップを結びます。

遊び方

友達とクリップ同士をつないで、糸をぴんと張って通話します。3人でも通話できます。

ポイント

- Aちゃんが話しているときは、BちゃんとCちゃんは聞き手に回るというルールを身につけるようにしましょう。

紙コップのロケット　5歳児

準備するもの

紙コップ、色画用紙、輪ゴム、つまようじ(1cm)、千枚通し(きり)、ハサミ、のり

作り方

①図のように、紙コップの口の部分2か所に、千枚通し(きり)で穴をあけます。
②輪ゴムを通して、つまようじで留めます。
③色画用紙でロケット、鳥、カエルなどを作り、紙コップにはりましょう。

遊び方

発射台の紙コップの上にロケットの紙コップをかぶせ、両手で押さえて離すと、上の紙コップが30〜50cmジャンプします。

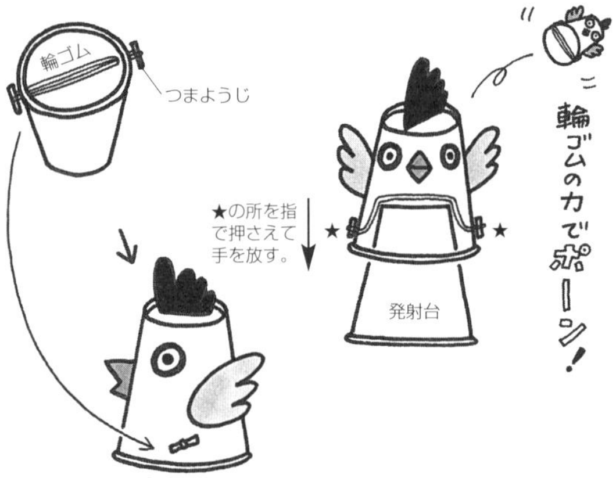

ポイント

- 飾りをつけすぎると重くてよく飛ばないので、シンプルに。

鉢植えの花　5歳児

準備するもの

紙コップ、色画用紙、折り紙、スズランテープ、竹ぐし、発泡スチロール、ハサミ

作り方

①B6判の緑色系色画用紙を、図のように切ります。
②紙コップに筒状にして入れて、少し外に反らせます。
③色画用紙、折り紙、スズランテープなどで、花を作ります。
④紙コップの中に、土の代わりに発泡スチロールや茶色の折り紙を丸めて入れてもよいです。

アレンジ

- かわいい鉢植えは、保育室の棚や机、職員室の机の上に飾りましょう。

身近なもので遊ぼう
牛乳パックを使って

牛乳パックは耐水性があり、じょうぶで手に入りやすい材料です。1〜3歳児には保育者が作っておいて、みんなで遊んだり、水あそびなどの遊具にしましょう。

進めアオムシ　2〜5歳児

準備するもの

牛乳パック(1000cc)、ハサミ、油性フェルトペン、ストロー

作り方

①牛乳パックや画用紙を、2×12cmに切ります。
②六等分(2×2cm)にして、図のように山型にします。
③一方に油性フェルトペンで目玉をかいたら出来上がりです。

遊び方

- ストローで吹いて走らせます（床に寝そべってやってみてもよいでしょう）。
- 1〜2m先にゴールを決めて、どちらが早くゴールインするか競いましょう。息を吹く力が育ちます。

アレンジ

- アクリル絵の具で色を塗りましょう。

※図のように、ストローで○印の角度で吹くと、前に進みます。

パッチン　3〜5歳児

準備するもの 牛乳パック(1000cc)、ハサミ、輪ゴム

作り方

①牛乳パックの二面を使って、7×14cmの大きさに切ります。
②図の所に切り込みを4か所入れます。
③輪ゴムを図のように取りつけるだけで出来上がりです。

遊び方

輪ゴムが十字になる方に折り曲げて離すと、ゴムの弾力で勢いよく跳ね上がります。友達を驚かせて遊びましょう。

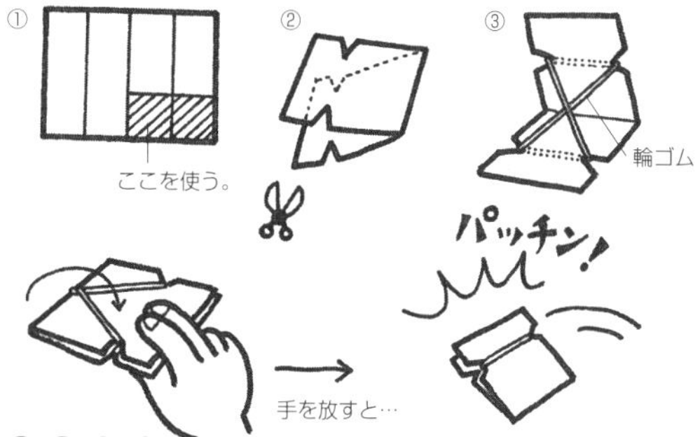

アレンジ

- 角を少し切って、動物の顔にするとおもしろいです。

牛乳パックの船　1〜5歳児

準備するもの

牛乳パック(1000cc)、ハサミ、ホッチキス

作り方

①牛乳パックを図のように半分に切り、口の所をホッチキスで留めるだけで、船体ができます。
②図のように船室や帆をつけるなど、子どものアイデアを大事にして、自由に発展させていきましょう。

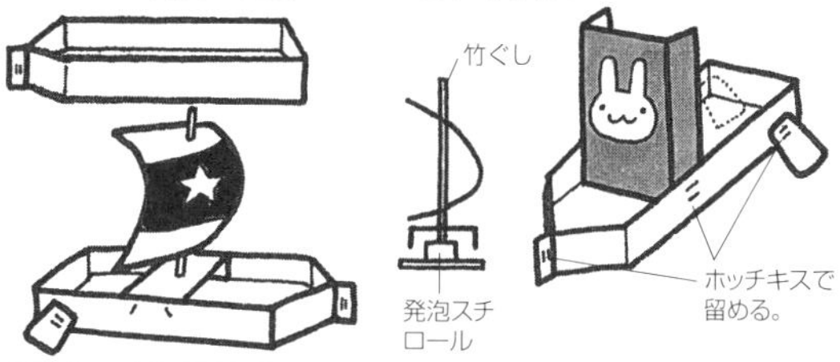

遊び方

保育者が作って、1〜3歳児の水あそびの遊具にしましょう。水に浮かべ、息を吹きかけたり、うちわであおいだりしましょう。

アレンジ

- 牛乳パックの底を、切り離さずに折り曲げると、二倍の大きさの船になります。

水車を作ろう　?歳児

準備するもの

牛乳パック、細いストロー、竹ぐし、ハサミ、ホッチキス、千枚通し（きり）

作り方

①図のように牛乳パックを幅3cmに切り、水車を作ります。
②残りの牛乳パックを図のように切って、台を作ります。
③水車に6cmに切ったストローを通し、その中に12cmの竹ぐしを通します。
④竹ぐしの両端を台に通し、外れないようにビニールテープで留めて、出来上がりです。

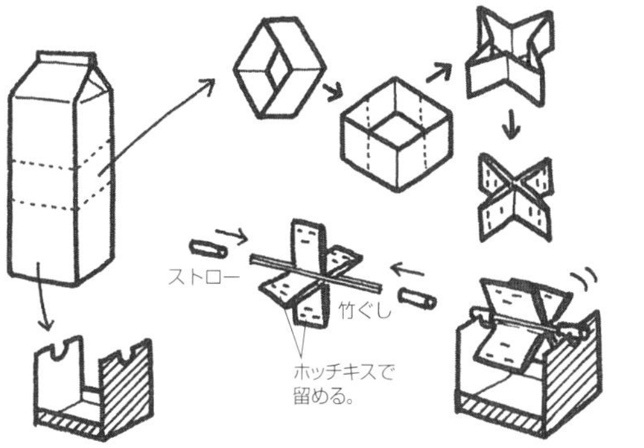

身近なもので遊ぼう

空き箱や廃材で作る

子どもは空き箱や廃材を生かして作る天才です。廃材を使って、ダイナミックな造形をしましょう。

段ボールの顔　3〜5歳児

準備するもの

A4判かB5判大の段ボール紙、トイレットペーパーのしん、毛糸、容器のふたなどの廃材、接着剤、ハサミ

作り方

①顔にする段ボール紙を配布して、顔を作るように話しかけましょう。段ボールの四隅を丸くしましょう。
②トイレットペーパーのしんを鼻にします。
③後は手持ちの材料で、目や口を作ります。
④髪の毛は毛糸やスズランテープなどで作ります。
⑤顔に油性フェルトペンや折り紙をはってもよいです。
⑥完成したら、掲示板にどんどんはっていきましょう。
※26ページの「スタンプあそびをしよう」を生かして、表現を広げましょう。

アレンジ

• 目と口に穴をあけて、お面にしても楽しいです。

ハト時計　4・5歳児

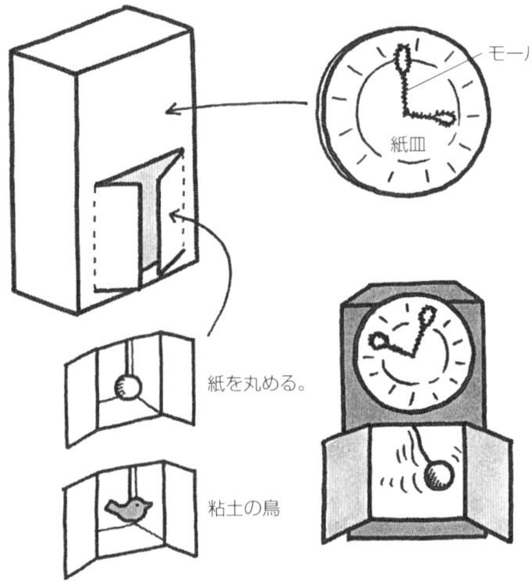

準備するもの

空き箱、紙皿、モール、折り紙、色画用紙、持ち寄った廃材、接着剤、ハサミ

作り方

①空き箱を図のように観音開きに切ります（子どもの希望を聞いて、保育者が切ってもよいでしょう）。
②紙皿を時計の文字盤にして、モールで長針と短針をつけます。
③観音開きの扉の中にハトや振り子を作り、文字盤をはりつけます。

アレンジ

• 観音開きの扉を開くと、ハトや動物の顔が飛び出してくる工夫をしましょう。

キャンディーの空き箱人形　4・5歳児

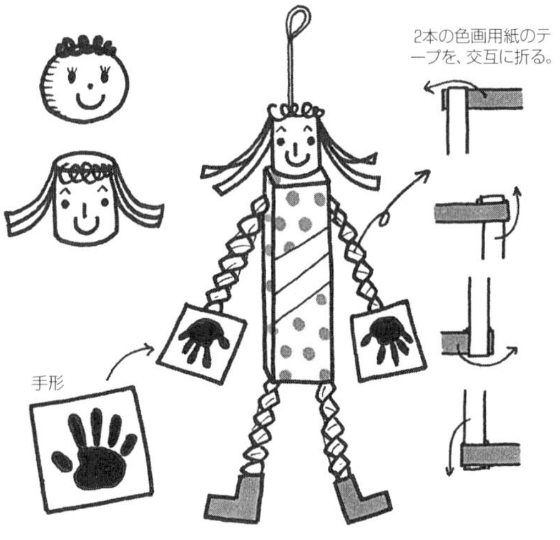

準備するもの

キャンディーの箱、2cm幅のテープ状に切った色画用紙、折り紙、持ち寄った廃材、接着剤、ハサミ

作り方

①細長いキャンディーの箱を胴体にします。
②2本の色画用紙のテープを交互に折って、手と足を作ります。
③頭部は筒状、球状、平面、廃材で、工夫して作りましょう。

アレンジ

• 手や足は、自分の手形、足形を作っておいて、それを切り抜いてはるとおもしろいです。

身近なもので遊ぼう
ポリ袋で遊ぼう

身近にあるポリ袋に空気を入れて膨らませると、意外とおもしろいあそびができます。保育者が作って、みんなで遊びましょう。

キラキラ風船でボールあそび 2～5歳児

雨の日に遊戯室で、ポリ袋の風船をみんなで突いて遊びましょう。何回突けるかな！

準備するもの

ゴミ用の大きなポリ袋、傘用ポリ袋、ゴム風船、折り紙、ハサミ、輪ゴム、セロハンテープ

作り方

①ゴミ用の大きなポリ袋や傘用ポリ袋に、空気をいっぱい入れて膨らませます。傘用ポリ袋は、細長い風船になります。
②折り紙を5㎜四方ぐらいに小さく切って、少し入れます。大きなポリ袋であれば、中にゴム風船を一つ入れると、意外性があるので子どもは喜びます。
③もう一度空気をしっかり入れて、輪ゴムで口を留めましょう。
④輪ゴムの部分やポリ袋の角が目に当たると危ないので、中に押し込んでセロハンテープで留めます。

遊び方

①みんながいる所に投げ入れて、上にはじいて遊びます。雨の日遊戯室などで、思いきり遊びましょう。床に落ちないように！　何回続けてつけるか、みんなで数えてつくと意欲が高まります。
②傘用ポリ袋は、子どもひとりひとりに作って遊びましょう。

アレンジ

• 大きさを変えて作りましょう。
• 油性フェルトペンで模様をつけるときれいになります。膨らませる前に模様をかくようにしましょう。

びっくり箱 2～5歳児

ストローを吹くと、紙コップの中からニョキニョキニョキッと顔が飛び出てきます。いちばん人気のあるおもちゃです。

準備するもの

傘用ポリ袋（または18×25㎝のポリ袋）、紙コップか牛乳パック、折り紙、ハサミ、千枚通し（きり）、セロハンテープ、太いストロー、油性フェルトペン

作り方

①傘用ポリ袋を40㎝ぐらいの長さに切ります（保育者が初めに切っておきましょう）。
②太いストローを半分に切ります。
③ポリ袋の口の部分にストローを差し込み、セロハンテープで留めます。空気が漏れないか膨らませてみましょう。
④紙コップか牛乳パックを、底から10㎝ぐらいの所で切ります。図のように底の側面に、千枚通し（きり）でストローを入れる穴をあけます（ボールペンなどを差し込むと、穴が大きくなります）。
⑤ストローの吹き口の方を、紙コップの穴の中から出します（少し出しにくいので、保育者が支援しましょう）。
⑥膨らませてみてよければ、図のようにポリ袋の上の部分にセロハンテープで留めると耳ができ、首の所に巻くと首が細くなります。
⑦油性フェルトペンや折り紙で、目鼻や模様をつけます。目鼻は見る人の方に顔がくるようにかきましょう。

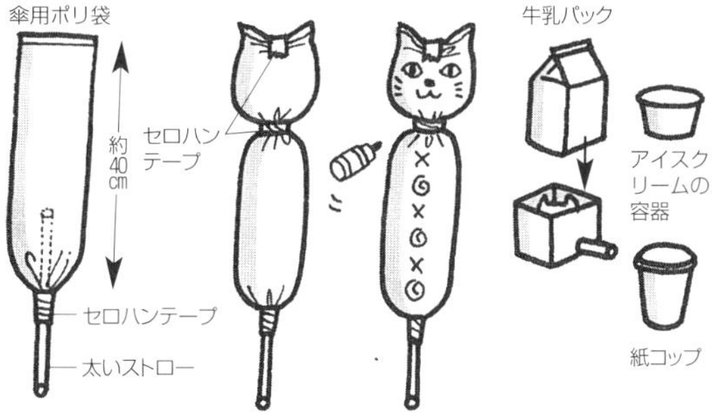

アレンジ

• 設定保育で子どもがいちばん喜ぶ、人気のある教材です。

身近なもので遊ぼう

スタンプあそびをしよう

スタンプあそびは、筆で絵をかくより簡単に造形表現ができます。スタンプでいろいろな表現をしてみましょう。

準備するもの

- スタンプ台：小皿にガーゼを四つ折りにして入れ、水で溶いた水彩絵の具を吸わせると、スタンプに絵の具がつきやすいです。3～6色の皿を準備しましょう。
- スタンプに使えるもの：容器のふた、イモ・レンコン・ニンジンなどの野菜、発泡スチロールや段ボール、おはじきやブロック、タンポなど。

色画用紙、新聞紙、包装紙、チラシ、折り紙、キャンディーの小箱、ドングリ、毛糸や布切れ、ハサミ、のり、接着剤、太い筆

ポイント

- 子どもたちがいつも遊んでいるものでも、意外におもしろい形ができることに気づくでしょう。

魚のスタンプあそび 1～5歳児

遊び方

①B5判の色画用紙（ひとり2～4枚）数色を、魚の形に切ります。タイのような幅の広い魚にしましょう。
②容器のふたを使って、黒や濃い色の絵の具をスタンプで押して、目玉にしましょう。
③好きな色、形で、魚の尾やうろこの模様をスタンプしましょう。
④ひとりで2～4匹の魚を作りましょう。
⑤完成したら、壁面に泳いでいるように展示しましょう、水族館の出来上がりです。

ポイント

- 1～3歳児では、保育者が大きさや形の違う魚を切っておきましょう。

おもしろい顔 3～5歳児

遊び方

①四つ切り色画用紙いっぱいに、太い筆で顔の輪郭をかきます（濃い色のスタンプを連続で押してつなげてもよいです）。
②目、口、鼻は、キャンディーの小箱やドングリ、容器のふたを接着剤ではります。
③黄色やピンクなど薄い色で、顔や周りにスタンプあそびをしましょう。
④髪の毛は、毛糸や布切れを使ってもいいです。
⑤いっぱいスタンプが押せたら、最後に両手のひらに絵の具をつけて、顔の左右にペッタンコ。

スタンプで絵や模様をかこう 2～5歳児

遊び方

①新聞紙、包装紙、チラシ、折り紙を切って、色画用紙の上に並べて絵や模様を作り、気に入ったらはってしまいましょう。
②スタンプあそびに使えそうなものをいっぱい集めて、画面の上にどんどんスタンプを押して、きれいな色や模様を作りましょう。

ポイント

- 新聞紙や包装紙を破って偶然できた形が、何に見えるかな？　イメージできた魚や虫に合わせて、スタンプしたり模様をつけていきましょう。

身近なもので遊ぼう 簡単にできる絵本

簡単な絵本を作りましょう。ミニ絵本は、遠足や生活発表会のときなどの、しおりや歌集にも使えます。

おうちカード 4・5歳児

「こんなおうちに住みたいな」という、子どもの夢のおうちと部屋のようすを、色鉛筆でかいていきましょう。

準備するもの

色画用紙、ハサミ、色鉛筆

絵のかき方

①図のように、家の形のカードを作ります。四つの面に絵がかけます。
②屋根の形をした面には、外から見た玄関の絵をかきましょう。
③次の面には、おうちの中のようすをかきましょう。
④ 3 面目は、おうちの横の庭からの外観をかきましょう。
⑤ 4 面目は庭から見た家の中のようすをかきましょう。

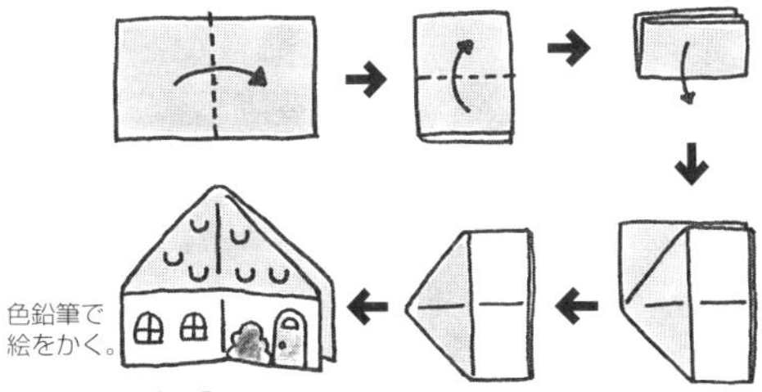

ポイント

- 屋根がわらは、図のような波型、縦線形など、工夫しましょう。天窓や煙突、テレビのアンテナをかいてもいいですね。玄関、窓、植木などもかきましょう。
- 室内にはテーブル、イス、たんす、花などをかき、人や動物もかきましょう。
- 屋根や壁には、色鉛筆を斜めにして、薄い色を塗りましょう。

ミニ絵本 4・5歳児

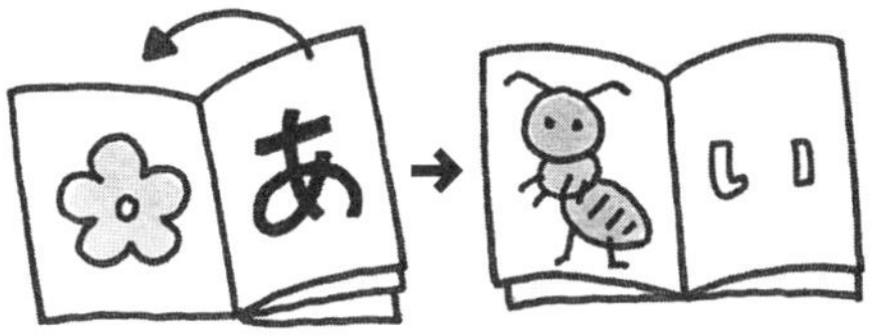

準備するもの

色画用紙、ハサミ、色鉛筆

絵のかき方

①図のように真ん中を切って折ります。
②折り畳んで絵をかくようにしましょう（絵の向きが違うので、気をつけましょう）。
③ 8 面あります。

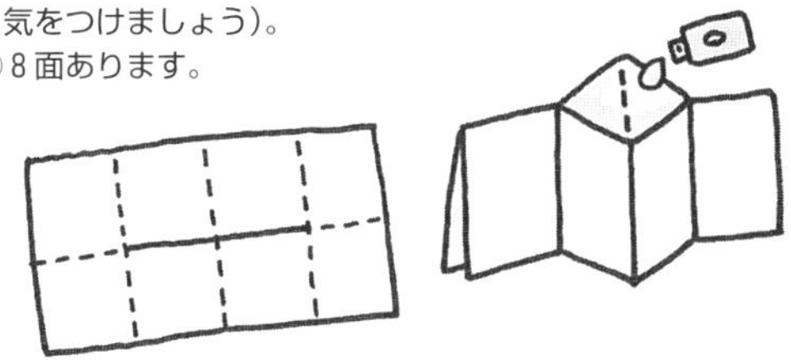

アレンジ

- 「あ」をめくるとアリの絵、「く」はクマの絵など、絵合わせ絵本。
- 円、四角、線、線あそび、色あそびなど、ストーリーを考えず、自由にかきましょう。
- 春・夏・秋・冬というように、最後が初めにつながるストーリーの絵本。
- 歌集、運動会や生活発表会のしおりなどに使えます。

スケッチブックのめくり絵本 4・5歳児

準備するもの

スケッチブック、色画用紙、ハサミ、油性フェルトペン

絵のかき方

①図のように、スケッチブックを縦二つに切っておきます。
②左右1枚ずつ順番にめくりながら、お話やクイズを進めます（1枚ずつめくる効果を考えて絵をかきましょう）。
③絵や文字は、油性フェルトペンで見やすいようにかきましょう。

話しかけ方

紙芝居と同じ要領ですが、2枚を使っての効果を考え、ゆっくり話したり早く話したりして変化をつけましょう。

アレンジ

- 合わせ絵クイズ：動物の絵をかいておいて半分だけを見せ、なんの動物かを当てる。
- お話やクイズだけでなく、注意事項、案内、連絡など、日常的なことにも生かしましょう。

身近なものであそぼう

エアーキャップを使って窓を飾ろう

こん包に使うエアーキャップを使って、窓ガラスを飾りましょう。費用がかからず、取り外しも簡単です。

水族館やお花畑など、ひとりひとりが作った作品を集めてはりましょう。季節の行事の壁面にも活用しましょう。

窓を飾ろう　3〜5歳児

準備するもの

エアーキャップ、ハサミ、新聞紙、油性フェルトペン、セロハンテープ

作り方

①油性フェルトペンで、新聞紙に20〜30㎝四方ぐらいの大きさで、魚、ライオンなどの動物、キャラクターの絵をかきましょう。

②新聞紙に下絵がかけたら、エアーキャップのクッション面を下に向けて置いてセロハンテープで留め、輪郭線で新聞紙といっしょに切ります。

③エアーキャップの裏側（平面のほう）に、油性フェルトペンで色を塗ります。

④完成したら、セロハンテープで窓ガラスにはりましょう。

ポイント

- 3・4歳児では下絵は保育者がかいておいて、子どもは色を塗ったり模様をかくようにしましょう。
- 輪郭線は、かいてもかかなくてもいいです。
- エアーキャップの袋の部分一つ一つを、点描のように油性フェルトペンで塗る方法と、全面を塗りつぶす方法があります。

水族館を作ろう　3〜5歳児

準備するもの

エアーキャップ、色画用紙、ハサミ、新聞紙、油性フェルトペン、セロハンテープ

作り方

①保育室や廊下の窓ガラスに魚をはって、水族館にしましょう。

②3・4歳児では、保育者がエアーキャップに魚の形（20×30㎝ぐらい）をかいて切り抜いておきましょう。5歳児は新聞紙に魚をかいて、エアーキャップといっしょに切り抜きます。

③魚の形のエアーキャップの裏側（平面の方）から、油性フェルトペンで、袋の部分一つ一つを色を考えて塗り、模様にしていきます。

④かけたら、セロハンテープで窓ガラスにはっていきます。

⑤空いている所に、海藻、ヒトデ、カニ、岩などを色画用紙で作ってはれば、水族館の出来上がりです。

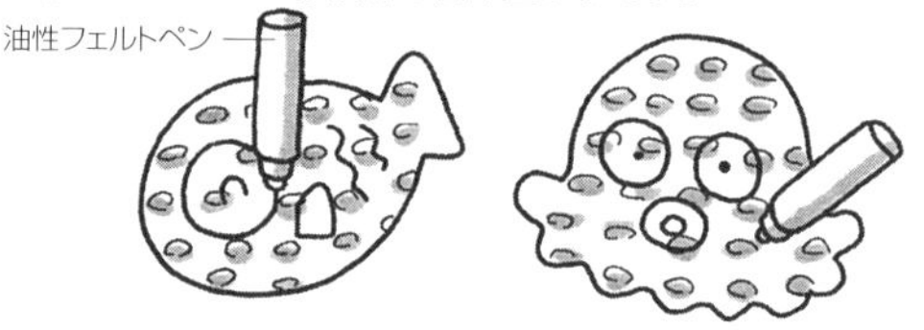

窓ガラスの壁面装飾　3〜5歳児

準備するもの

エアーキャップ、ハサミ、新聞紙、油性フェルトペン、セロハンテープ

作り方

エアーキャップに油性フェルトペンで絵をかいて、保育室や廊下の窓枠を飾りましょう。さらに紙皿に文字を書いたり、ティッシュペーパーやスズランテープで花を作って飾りましょう。

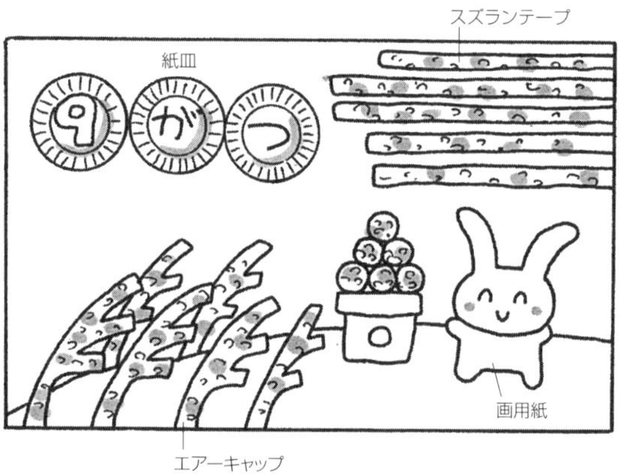

ポイント

- 油性フェルトペンは直射日光に弱いので、できれば日の当たりにくい窓を飾るようにしましょう。日の当たりやすい窓では、2〜3週間で退色してしまいます。

身近なもので遊ぼう
感覚で遊ぶ

目で見る、耳で聞く、手で触るなどのあそびは、視覚・聴覚・触覚等の感覚器官に働きかけるあそびです。あそびを通して、集中力、注意力も育ちます。

いないのはだあれ？（人当て） 4・5歳児

遊び方 （5〜25人）

①輪になって座ります。子どもをひとり選んで、部屋の外に出てもらいます。
②その間に、もうひとりの子どもを決めて輪の中に入れ、大きな布をすっぽりかぶせます（靴も見えないように）。
③外に出ている子どもを呼び戻して、布の下にいる子どもの名前を当てさせます。

ポイント

- なかなか当たらないときは、隠れている子どもに何かの鳴きまねをしてもらって、その声を聞いて当てます（4歳児）。
- 周りのみんなに隠れている子どもの特徴を聞き、その情報から当てます。例えば「着ている服の色は」「髪の長さは」など（5歳児）。

ドスンポトンなんの音（音当て） 4・5歳児

遊び方 （5〜25人）

①落ちたときにいろんな音のするものを集めておきます（例えば本、ハサミ、鉛筆、ボール、お手玉、積み木など）。
②ついたてや広げた布の後ろでものを落とし、なんの音かを当てます。

ポイント

- 初めは目で見て音を確認します。次に目を閉じてやってみます。段階を踏むと、あそびの集中力が増します。
- 子どもを静かに集中させたいときにも有効なあそびです。でも長くやると疲れるので、かえって集中力がなくなります。遊ぶ時間の長さに注意して！

袋の中身 3〜5歳児

遊び方 （5〜25人）

①ふだんよく目にしているもので、形や大きさ、質感の違うものをたくさん用意します（例えば鉛筆、ミニカー、ぬいぐるみ、積み木、ままごとの皿など）。
②大きな袋の中に用意したものを入れ、子どもたちは半円になって座ります。
③ひとりの子どもが袋の中に手を突っ込んでどれかをつかみ、手探りで何かわかったら名前を言って、ものを取り出します。

ポイント

- 最初は保育者が袋に手を入れる子どもを決め、順番に交代していくように進めると、混乱もなくスムーズに進行します。
- 中に入れるものの数は、年齢に合わせて決めましょう。3歳児には、形や大きさも触ってはっきりわかるものを用意しましょう。
- 4・5歳児は、「果物」や「野菜」などを用意し、テーマを決めて遊ぶこともできます。
- 5歳児では、触ったものの名前をすぐに言わずに、特徴を言って、ほかの子どもに何に触っているかを当てさせるようなあそびもやってみましょう。

身近なもので遊ぼう

イスで遊ぶ

保育室に必ずあるイスは、座るだけでなく、その高さや材質を利用して遊べ、子どもたちの空間認識、方向意識を育てます。

ガァガァガァ　3・4歳児

遊び方　(8〜25人)

イスを横一列に並べて置きます。子どもたちは離れた所に立ち、「アヒルさんこっちへおいで」の合図でイスまで駆けて行き、イスに上って「ガーガーガー」と言います。

アレンジ

- イスをばらばらに置き、その間を走ります。合図で近くのイスに上ります(4歳児)。
- ニワトリ(コケコッコー)、ツバメ(ツッピイツッピイ)、スズメ(チュンチュン)、ヒヨコ(ピーピーピー)など、いろんな鳥に変えることによって、子どもたちのあそびのファンタジーも引き出します。

大洪水　3・4歳児

遊び方　(5〜25人)

①輪になってイスに腰掛けます。
②保育者の合図で動きます。

ポイント

- 最初は二つの動作から始めるとやさしいでしょう(3歳児)。
- ことばがけだけでなく、それぞれのようすをかいた絵カードを合図にしても楽しいでしょう。

洪　水　だ

イスの上に立つ。

風

イスの周りを走る。

火をおこす

イスを暖炉に見たてて手をかざす。

雨

しゃがんでイスをたたく。

雪あらし

イスに座り、伏せてひざを抱える。

オオカミが来た

大急ぎで保育者の周りに集まる。

にわか雨 3〜5歳児

遊び方

（5〜40人）

イスの前に座り、手をイスの上に置きます。保育者の合図に合わせてイスをたたきます。

ポツポツ雨が降ってきた

両手ひとさし指でつめを立てて打つ。

シトシト雨に変わったよ

両手でピアノを弾くように、指の腹でバラバラに打つ。

本降り

ひとさし指を伸ばし、左右交互にたたく。

どしゃ降り

両手のひらでたたく。

ひょう

両手の指を折り曲げ、指の関節でたたく。

大あらし

風が木を揺するように、両手を上げて左右に揺れる。

雷が鳴る

両手のこぶしで激しくたたく。

雷が落ちた

両手を高く上げて手を広げ、イスに落とす。

雨が上がった

日が差すように指を広げる。

日が沈む

手をひざに下ろす。

ポイント

- 年齢に合わせて動作の数を選びましょう。
- お話のように進めると、楽しさが増します。5歳児では、子ども自身にお話をつくってもらう展開も楽しいでしょう。

アレンジ

- 「雨がポツポツ降ってきた。シトシト雨に変わったよ。雲が厚くなって、本降りになってきた。お空も暗くなってきてどしゃ降りだ。痛い痛い、ひょうまで降ってきたよ。すごい音だね。屋根に穴があきそう。風が吹いて大あらし。遠くで雷の音も聞こえるよ。だんだん近づいてきた。わっ、雷が落ちた。また落ちた。雨はどしゃ降り。でも、少し空が明るくなったよ。雨もシトシト雨に変わってきた。もう上がりそう、ポツポツ雨だ。お日さまが出てきたよ。良かったね、雨が上がった。またお外で遊べるよ」

野菜カレー（イス取り） 4・5歳児

遊び方

（8〜25人）

①子どもたちは輪になってイスに座り、中にひとりの子どもが立ちます。
②子どもたちは、ジャガイモ、ニンジン、タマネギ、ごはんのどれかを選択します。
③中の子どもが「たまねぎ」と言ったら、タマネギの子どもが立ち上がってほかのイスへ移動します。「やさいかれー」と言ったら全員移動します。中の子どもはすばやく空いたイスに座ります。
④座れなかった子どもが次に中に立ちます。

〈円に並べて置く〉

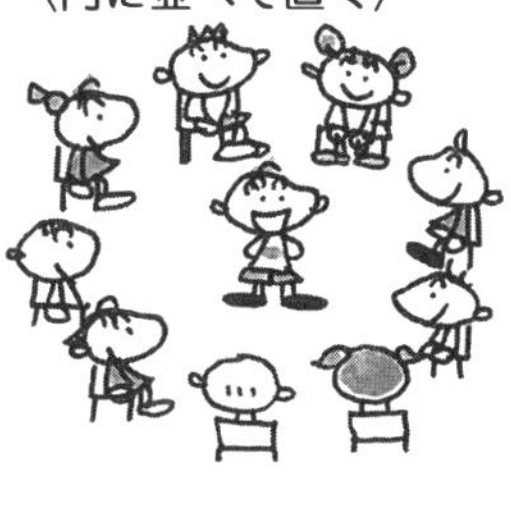

〈一列で互い違いに置く〉

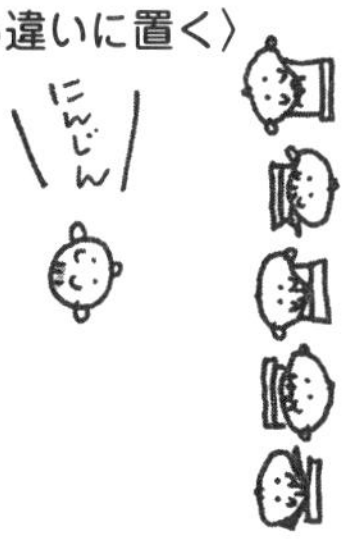

〈バラバラに置く〉

アレンジ

- イスを一列に互い違いの向きに並べてみたり、ばらばらに置くことで難易度が上がります（5歳児）。
- 具の中身やカレーの種類、アイデアを、子どもたちから出してもらいましょう。

ボールで遊ぶ

ボールは、子どもたちにとても好まれる遊具です。ボールを投げる、受ける、転がす、ける、突くなど操作のあそびが多く、体の異なる部位や異なる種類の運動を、同時にリズミカルに組み合わせて行なうと、協応性の発達を助けます。

スイカ送り　3歳児

遊び方　(5～25人)

①輪になって立ちます（場合によっては座ってもよいです）。
②「スイカを送るよ」の合図で、ボールを右方向に渡していきます。

ポイント

- 「落とさずにじょうずに運べたね。今度は何を送ろう？」の問いかけで、「じゃがいも」「かぼちゃ」「みかん」と子どもから返ってくる答えを拾って、あそびを広げましょう。

アレンジ

- じょうずになったら、「逆回し」の合図でボールを反対方向に送ることもやってみましょう。
- ボールを2～3個まで増やして遊ぶこともできます。

ボール追いかけ　4・5歳児

遊び方　(10～25人)

①ボールを2個用意し、輪になって立ちます。輪の向かい側に立っている子どもが1個ずつボールを持ちます。
②スタートの合図で、同じ方向にボールを落とさないように、できるだけ早く渡していきます。
③ボールを落としたら、すぐ拾って続けます。どちらかのボールが追いついたら終わりです。

アレンジ

- 人数が多いときは、3～4か所でボールを回しましょう。
- 用いるボールの大きさや、材質の違うものを渡していくというようにすると、集中力や注意力を高める楽しいあそびとなります(5歳児)。

転がしドッジ　4歳児

遊び方　(10～25人)

①輪になってしゃがみます。
②4～5人の子どもは輪の中に立ち、外の子どもが中の子どもを目がけて、ボールを転がします。
③中の子どもは当たらないように逃げ、当たったら当てた子どもと交代します。

ポイント

- 転がしたボールが輪の外に出てしまうとあそびが中断するので、しゃがんだ子どもたちの間隔が空きすぎないようにしましょう。

ビーム光線　5歳児

遊び方　（5〜25人）

①子どもたちは半円になって立ちます。ひとりがボールを持って中心に立ち、円の端にいる子どもにボールを投げます。その子どもはボールを受け取り、投げ返します。
②次はその隣の子どもに投げ、全員に回るまで同じように続けます。最後の子どもまで行ったら終わりです。

ポイント

- 最初は、円の中心の位置に○をかいたりフープを置くなどして目印をつけたりすると、展開がスムーズになります。
- 投げ方は、下手投げ、上手投げ、片手投げ、両手投げなど、いろんな方法でやってみましょう。その際、投げ方に「ビーム光線エックス」とか「ビーム光線ファイヤー」などのネーミングをすると、よりエキサイティングな楽しいあそびになります。

アレンジ

- グループに分かれて、最後の子どもが投げ返さずにボールを持って円の中心に行き、中にいた子どもは円の端に移動というように順番に続けていって、全員が円の中心に行くまであそびは続くという方法で行なうと、チーム対抗の競争あそびにもなります。

指名ボール　5歳児

遊び方　（8〜25人）

①輪になって立ち、ひとりがボールを持って輪の中に立ちます。
②中の子どもは「○○ちゃん」と名前を呼んで、ボールが高く弾むように地面にたたきつけます。呼ばれた子どもは中に入ってボールを取ります。これを繰り返します。

アレンジ

- ゆっくり落ちてくるボール（例えばポリ袋で作ったボール）を投げ上げて受けるあそびにも発展してみましょう。

的投げ　3〜5歳児

遊び方　（1〜25人）

目標になるものを立てて、それに向かってボールを投げます。投げ方（下投げ、上投げ、両手投げ、片手投げ）や、的までの距離、的の種類は、年齢とその子どもの発達のようすに合わせて選択できるようにします。

ポイント

- 的の形や大きさなどを、年齢に合わせていろいろ用意しましょう。
- 的によって、「オオカミをやっつけろ！」「鬼退治！」「あなたは何点！」などのテーマを決めると、ひとりひとりのモチベーションも高まるでしょう。

身近なもので遊ぼう

フープで遊ぶ

フープは手に持ってくぐったり、転がしたり、回したり、地面に置いて跳んだりなど、多様にあそびを発展させることができる遊具です。柔軟性、敏捷性、協応性の発達を助けます。

お池にドボン　3〜5歳児

遊び方　(5〜25人)

フープを床に置き、その中に立ちます。保育者が「お池の周りをランニング」と言ったら、外へ出て輪の周りを走ります。「お池にドボン」と言ったら中に入ります。最初は周りを走らずに、「外に出る、中に入る」を繰り返すだけでもかまいません。

アレンジ

- 床に大きな輪をかいて全員がその中に入ったり、輪の周りを走るというように展開します（4歳児）。
- 「外と言ったら中に」「中と言ったら外に」と、言葉と反対の動作をすることを課題としても楽しいでしょう(5歳児)。

引っ越しあそび　4歳児

遊び方　(5〜25人)

①いろいろな色のフープを、ばらばらに床に置きます。
②それぞれのフープに、子どもたちがひとりずつ入ります。
③保育者の「○○色のおうちにお引っ越し」という合図で、一斉にその色のフープに移動します。

ポイント

- ほかの子どもとぶつからず、色をまちがえずに引っ越せたら、「じょうずに引っ越せたね」とか、たくさんの子どもが入っているフープは、「○色のおうちは□人も入れたのね、△階建てのおうちね」などのことばがけで、仲間と協力してたくさん入ることを楽しむように助けましょう。

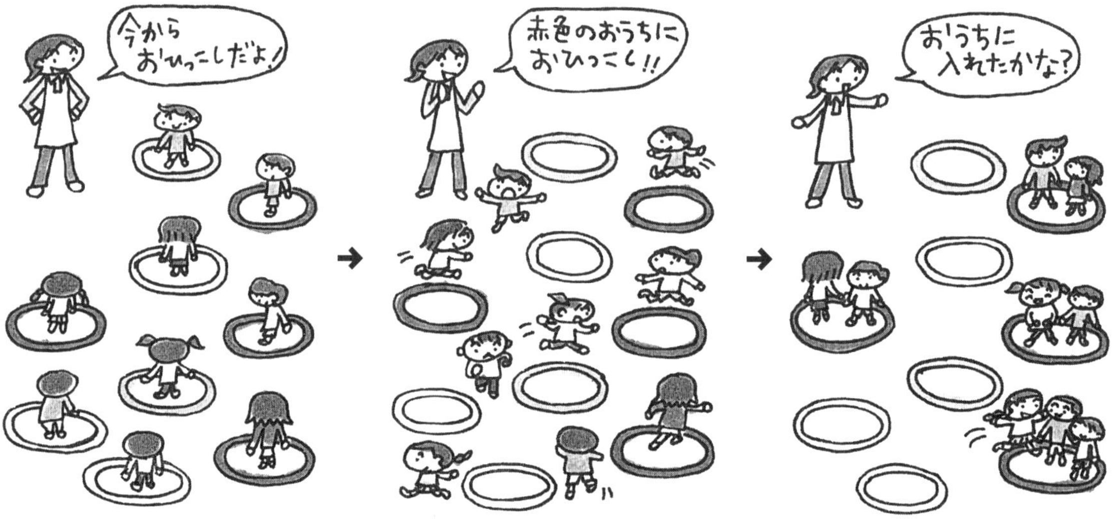

ウサギのお散歩 3歳児

遊び方 (5〜25人)

①フープをばらばらに置き、ひとりひとりその中にしゃがみます。
②保育者が「ウサギさん、遊びに行ってらっしゃい」と言ったら、子どもたちはフープを出てほかのフープを踏まないように走ります。
③「帰っておいで」の合図で、近くのフープに入ってしゃがみます。

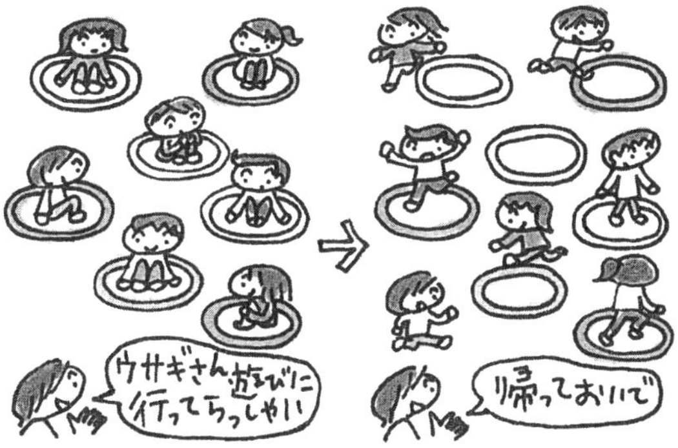

ポイント

- 子どもたちが興奮してきたら、「声が聞こえるとキツネが食べにくるから、気づかれないよう静かに走ってね」などのことばがけで遊んでみましょう。

地をはう円盤 5歳児

遊び方 (5〜25人)

子どもたちはふたり一組に分かれて、向かい合ってしゃがみます。一つのフープを、床面で滑らせてやり取りします。

じょうずになってきたら、滑ってきたフープを足で止める、ジャンプして中に入るなど、難しくしていくことで楽しさが増します。

〈足で止める〉

〈ジャンプして中に入る〉

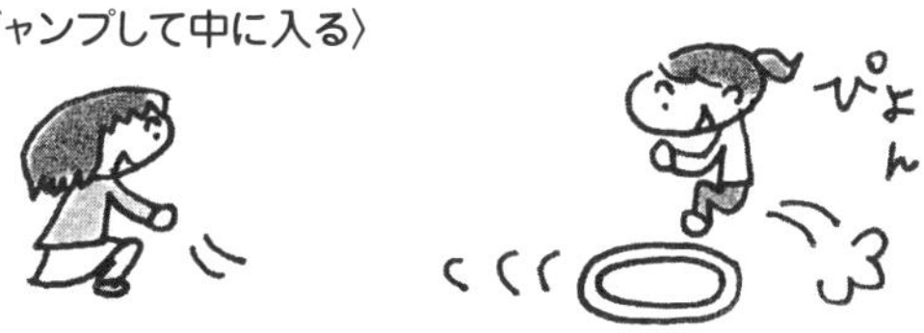

アレンジ

- **ころころ円盤**：フープを転がしてやり取りしたり、転がっているフープの中をくぐり抜けます。
- **空飛ぶ円盤**：フープを投げてやり取りします。

こま回し 5歳児

遊び方 (1〜40人)

フープを床面に立てて置き、こまのように片手で回します。スタートの合図で一斉に回し始め、どのフープが最後まで回っているかを競っても楽しいでしょう。

いろんな色のフープが回るので、視覚的に美しいあそびでもあります。

ポイント

- 手首の使い方で回っている時間が変わってきます。「水道の栓をひねるみたいに、フープを回してみて」などのことばがけで、イメージを伝えましょう。

チーム対抗ケンパー跳び 5歳児

遊び方 (8〜25人)

①フープを床に並べます。
②2チームに分かれ、両側からケンパー跳びで進みます。
③出会った所でじゃんけんをし、負けたチームは次の人がすぐにスタートします。
④一方のチームが全員負けたら終わりです。

ポイント

- チーム対抗で遊ぶときは、“じゃんけんで負けたら、すぐフープの横に出る”などのルールを決め、あそびがスムーズかつ公平に行なわれるよう配慮しましょう。

身近なもので遊ぼう

ロープ（縄）で遊ぶ

ロープは縄跳びとして利用するだけでなく、結んだり、輪にしたり、長く延ばしたり、さまざまな形で遊ぶことができます。跳ぶ、投げる、歩く、渡る、くぐる、引く、回すなど、適応・操作の運動技能を育てます。

橋渡り　3～5歳児

遊び方　（5～25人）

ロープ2本を50cmくらいの間隔で、床に平行に置きます。それを橋に見たてて、四つんばい、高ばい、歩くなどで渡ります。

ポイント

- 子どもたちがイメージしやすく、集中するようなことばがけを考えましょう。例えば「サーカスの空中綱渡り」「ワニの住む川に架かっている橋です。落ちたら食べられちゃうから気をつけて」など。

アレンジ

- 2本のロープの間隔を狭くしていきます。3歳児＝30cm、4歳児＝20cm、5歳児＝10～0cm
- 渡る姿勢の課題を変えます。走る、つま先歩き、かかと歩き、横向き歩き（4歳児）、後ろ歩き、横歩き、片足跳び（5歳児）。

小川の飛び越し　3～5歳児

遊び方　（5～25人）

床にロープを2本、子どもたちの能力に合わせた幅に置きます。それを小川に見たてて、こちらの岸からあちらの岸へと飛び越します。走っていって跳ぶ、その場で飛び越す、両足で飛び越す、片足で跳ぶ、後ろ向きに跳ぶなど、いろいろ試してみましょう。

アレンジ

- ロープの両端を持って、急流渡り（縦に揺らす、横に振る）などのバリエーションの変化をつけると、子どもの達成感とチャレンジを、より引き出す楽しいあそびとなります。

ポイント

- 川幅は同じでなく変化をつけて、どの子どもにも達成感やチャレンジする楽しさを味わえるようにしましょう。

ツバメさん　3歳児

遊び方　（5～25人）

①ロープ2本を5～7mくらいの間隔に置きます。子どもたちは一方のロープ上に、並んで立っています。
②「ツバメさんたち、水を飲んでおいで」の合図で、向こうのロープを目ざして走りだし、間に1回さっと床を触り、向こうのロープの上に立ちます。
③じょうずになったら、2回触ります。反対の手でも触れるかやってみます。

ポイント

- ロープをツバメの止まる電線に見たてています。「ツバメさんたち、電線から落ちないように、背筋を伸ばしてぴんと立ってね」とか、「すご～い。みんなスピードが落ちないで、さっと水をすくえたね」などのことばがけで、動作のイメージづくりを助けるとともに、あそびのファンタジーも広げましょう。

ワニの住む川 4・5歳児

遊び方 (5〜25人)

①ロープ2本を3mくらいの間隔で置きます。内側は川、ロープは堤防です。
②川に住むワニの役で、ひとりが内側に入ります。
③ほかの子どもは向こう岸目がけて走り抜けます。ワニの子どもは、走り抜ける子どもを捕まえます。捕まったら交代します。

アレンジ

- **ワニ軍団(5歳児)**：何人かの子どもたちがロープの内側に入り、ワニになります。ほかの子どもたちは、ワニに捕まらないように川を渡ります。捕まった子どもはワニ軍団に入ります。川のワニはだんだん増えていきます。スリルのある楽しいあそびです。
- 園庭でするときは地面にラインを引き、ワニが増えるにつれて少しずつラインを引き足して、川を長くしていきます。ワニの川が大きくなって、園庭がワニだらけに…。さらにスリルも増し、愉快なあそびになるでしょう。

ポイント

- なかなか子どもたちが川を渡らないときは、「10数える間に渡らないと、堤防が崩れて川に落ちちゃうよ。10、9…」のようなことばがけで動きを助けましょう。

しっぽ踏み 5歳児

遊び方 (2〜40人)

①ふたり一組で遊びます。ひとりの子どもがロープを持ち、ヘビのように振ったり、床に垂らして走ったりします。
②もうひとりの子どもが、ロープの端を足で踏みます。踏まれたら役を交代します。

アレンジ

- 子どもたち全員でお互いに追っかけ合い、『しっぽ取り』のあそびに発展できます。

ポイント

- 移動範囲が大きいため、安全に配慮し、広い空間を確保して遊ぶようにしましょう。

力比べ 5歳児

遊び方 (2〜40人)

①ふたり一組で遊びます。お互いにロープの端を両手で持ち、間に線を引いて立ちます。
②「どっちが力持ち！」という合図でロープを引っ張り合い、どちらかが線を越えたら終わりです。

アレンジ

- **おもち崩し**：地面にかいた円の中にそれぞれが入って引っ張り合い、円から出たら終わりです。
- ふたり対ふたりで対戦します。さらに人数を増やしていって、最後は綱引きのあそびにもつながります。

ポイント

- 力を出し続ける、筋力的負荷の大きいあそびですので、なかなか勝負のつかないときは引き分けでまとめるようにしましょう。

おもちゃを作って遊ぼう

けん玉を作って遊ぼう

子どもの前で、保育者が手作りのけん玉をやって見せて、興味を引きつけます。「けん玉を作って遊びましょう」と呼びかけましょう。5歳児は手の調整がまだうまくできません。子どもには、ゆっくり、繰り返し練習するよう教え、そして励ましましょう。

準備するもの

たこ糸（ひとり50cm）、アルミホイル（30×30cm）、千枚通し（きり）、油性フェルトペン、紙コップ、牛乳パック、色画用紙

玉の作り方

図のように、アルミホイルの上にたこ糸を置いて、たこ糸を巻き込みながらアルミホイルを丸めてだんごにします。

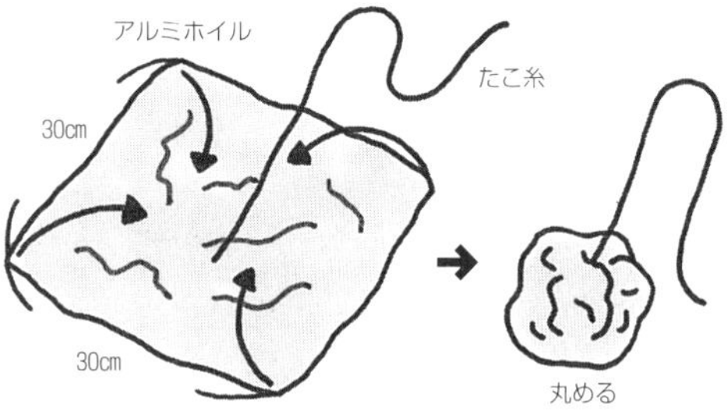

紙コップの「けん」　5歳児

作り方

①図のように、紙コップの縁に千枚通し（きり）で穴をあけます（あらかじめ保育者があけておいてもよいでしょう）。
②玉のついたたこ糸を通して結びます。
③紙コップに油性フェルトペンで、花などの絵や模様をかきます。

牛乳パックの「けん」　5歳児

作り方

①牛乳パックを人数分保管しておきましょう（200ccまたは500cc）。
②図のように牛乳パックの口の部分をハサミで切り取り、上に千枚通し（きり）で穴をあけて、たこ糸を通して結びます。

ポイント

- 給食で出たプリンなどの容器は捨てずに、洗って保管しておきましょう。

メガホン型色画用紙の「けん」　5歳児

作り方

①B5判色画用紙を3～5色準備して、子どもが好きな色を選びます。
②色画用紙を丸めて図のようにメガホンの形にして、ホッチキスで留めます（できない子どもには援助しましょう）。
③図のように色画用紙の先を1cmぐらい折り曲げて、そこに千枚通し（きり）で穴をあけます。そこにたこ糸を通して出来上がり。
④フェルトペンで、花などの絵や模様をかきましょう。

ポイント

- 手の調整がまだうまくできない子どもには、保育者が手を添えて練習しましょう。一度できると、どんどん上達します。

遊び方

遊び方は二通りあります。

A：玉を前後に揺らしておいて、一気に「けん」に玉を入れます。

B：玉を下に垂らして静止させます。一気に玉を引き上げて、「けん」に入れます。

おもちゃを作って遊ぼう
まめがら袋で遊ぶ

お手玉を四角くしたようなまめがら袋は、手に持つ、頭に載せる、床に置くなどの利用の仕方によって、つかむ、離す、投げる、載せる、バランスを取るなど、多様なあそびの展開が望めます。

準備するもの

布(20×15㎝)、ハサミ、綿、針、糸、ビーズなど

まめがら袋の作り方

①布を半分に折り、二辺を先に縫います。
②裏返しにし、ビーズなどを入れます。
③少し内側に折り込んで、塗って閉めます。

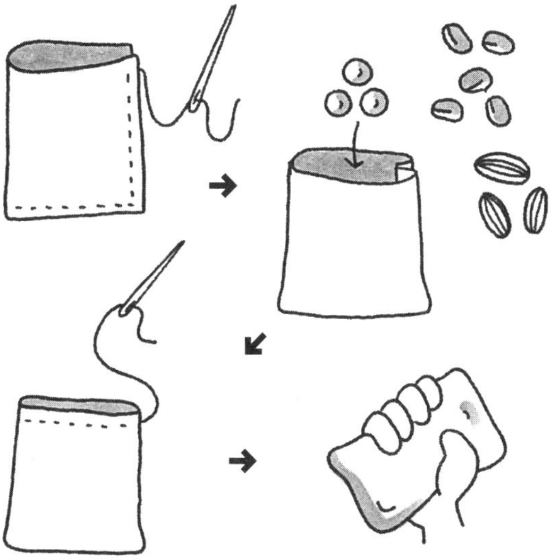

バランスあそび 3～5歳児

遊び方 (5～40人)

まめがら袋を頭に載せて、その場でしゃがんだり立ったりします。エレベーターに見たてて、「○階へまいります」ということばがけで展開すると楽しいでしょう。

ポイント

• 両手でまめがら袋を押さえますが、4歳児では片手で、5歳児では手を離してというように、難度を変えることで楽しさが増します。またその場の上下移動だけでなく、歩いたり走ったり、つま先歩きやかかと歩きもやってみると、多様に展開できます。

子リスのおうち 4・5歳児

遊び方 (10～40人)

①まめがら袋を、床にばらばらに置きます。
②「子リスさん、遊びに行っておいで」の合図で、子どもたちは袋を踏まないように走ります。
③「戻っておいで」の呼びかけがあったら、そばにある袋の上にしゃがみます。
④慣れてきたら袋の数を一つずつ減らしていきます。

アレンジ

• フープでも同じように遊べます。フープはまめがら袋よりも大きいので、一つのフープに何人入ってもよいという展開も可能です。数は減っても、いつもどこかに入ることができるという安心感と、どんな風にしたら確実に入れるかを考え、工夫する楽しさも生まれるあそびです。

玉入れ 5歳児

遊び方 (10～40人)

①床に線をかき、少し先にフープをいくつか置きます。フープまでの距離は、それぞれ変えておきます。
②フープを目がけてまめがら袋を投げ入れます。遠くのフープほど高得点にし、両手で、片手で、下手投げ、上手投げ、後ろ向き投げなど、投げ方の工夫で難易度や興味を変えましょう。

おもちゃを作って遊ぼう
かざぐるまとブーメラン

かざぐるまは日本の伝承おもちゃの一つです。かざぐるまを作って、園庭を思いきり走って回して遊びましょう。ブーメランも楽しいですよ。

昔からあるかざぐるま 3〜5歳児

準備するもの

折り紙、竹ぐし、ストロー、セロハンテープ、ハサミ

作り方

①図のように、対角線に折り目を入れます。
②ハサミで図のように3分の1まで切ります。
③折り紙の中心に竹ぐしを通し、折り紙の○印の所へ順に竹ぐしを通します。
④安全のため竹ぐしの先をハサミで切って、セロハンテープを二つ折りにしてはり、折り紙が外れないようにします。
⑤竹ぐしをストローに通して出来上がりです。

アレンジ

• 広い場所で、リレーや駆けっこをして遊びましょう。

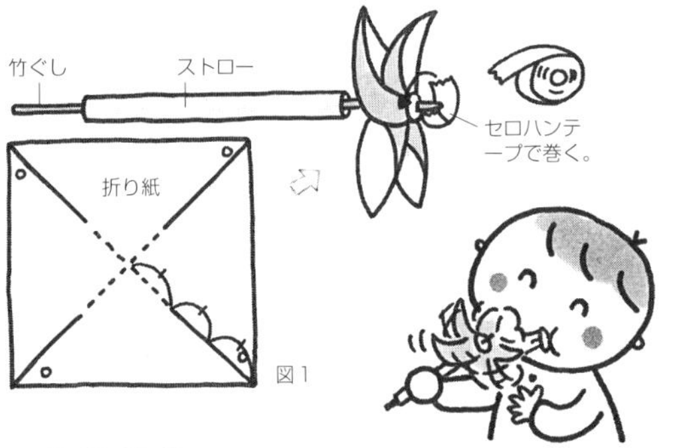

ポイント

• 図1を画用紙にかいておいて、子どもに見せながらいっしょに作りましょう。
• 3歳児には、保育者が作りましょう。

紙コップのかざぐるま 4·5歳児

準備するもの

紙コップ、発泡スチロール、竹ぐし、ストロー、セロハンテープ、ハサミ、フェルトペン

作り方

①紙コップの底や側面に、フェルトペンで模様をかきます。
②ハサミで図のように紙コップを切って、羽根を作ります。
③同じ方向に角度をつけて、羽根を折ります。
④発泡スチロールを2㎝四方ぐらいに切っておきます(人数分)。
⑤竹ぐしに紙コップの羽根と発泡スチロールを通し、安全のため、竹ぐしの先をセロハンテープで留めます。
⑥竹ぐしをストローに通して出来上がりです。

アレンジ

• 羽根は、少し斜めに折り曲げるとよく回ります。

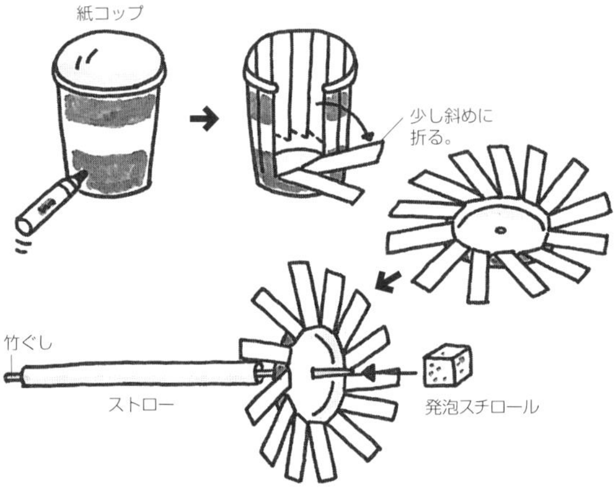

牛乳パックのブーメラン 4·5歳児

準備するもの

牛乳パック、ハサミ、ホッチキス

作り方

①牛乳パックを図のように3〜4㎝幅に、保育者が切っておきます。
②図のように順にはめ込んでいき、少し山型にして、ホッチキスで留めます。
③人に当たると危険なので、羽根の周りを少し、丸く切ります。

ポイント

• 人のいない所に向かって投げましょう。

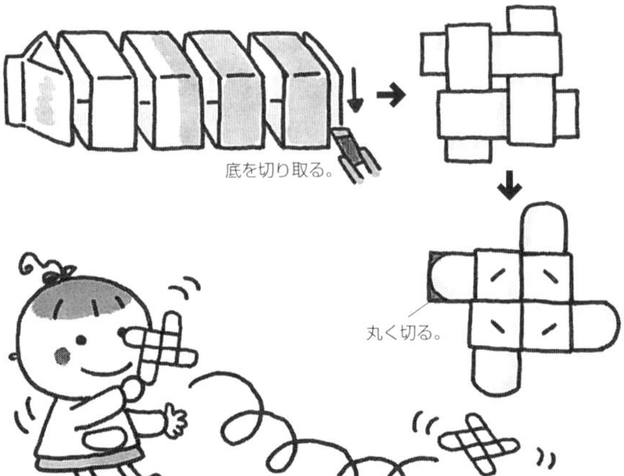

おもちゃを作って遊ぼう
飛ばして遊ぼう

男の子は特に、投げたり飛ばしたりするあそびが好きです。ロケットは思いきり投げられるので、活気が出ます。折り紙飛行機はいっしょに作って、外で元気よく飛ばして遊べます。

ロケット　3〜5歳児

準備するもの 封筒(紙袋)、新聞紙、のり、セロハンテープ

作り方

①封筒を図のように折って、のりづけします。
②新聞紙を丸めて、封筒の中に入れます。
③新聞紙を細長く切って、ロケットの噴射を作ります。
④封筒の中に、細長く切った新聞紙4〜5本をのりではります。
⑤封筒を丸めて、輪ゴムで図のように留めると出来上がり！

遊び方

力いっぱい投げると、シューッと尾を引いて飛びます（人のいない所に向かって投げましょう）。

アレンジ

- ④のとき、裂いた新聞紙4〜5本をホッチキスで留めて差し込む方法もあります。

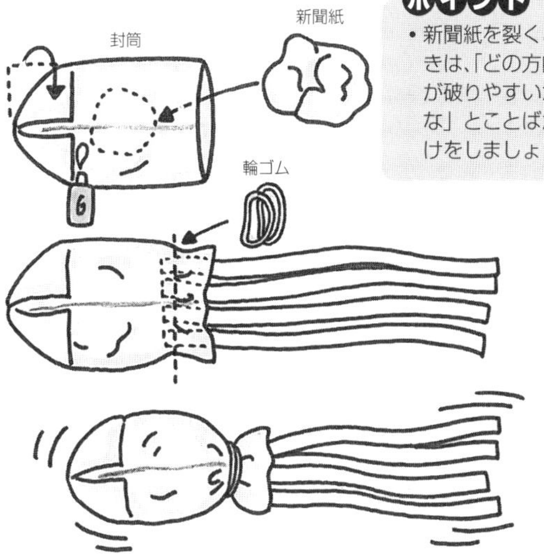

ポイント

- 新聞紙を裂くときは、「どの方向が破りやすいかな」とことばがけをしましょう。

紙のヘリコプター　4・5歳児

準備するもの

折り紙、クリップ

遊び方

図のように、二通りの作り方があります。折り紙で5〜6個作ってポケットに隠しておいて、自己紹介や司会をするとき、「どうぞよろしく！」と言って一気に投げると、ひらひらと舞い落ちて大うけします。

子どもが作るときは、前もって折り紙を寸法通りに切っておきましょう。

ポイント

- 子どもがすべり台などの高い所から投げるときは、転落しないようしっかり手すりを持つように注意しましょう。

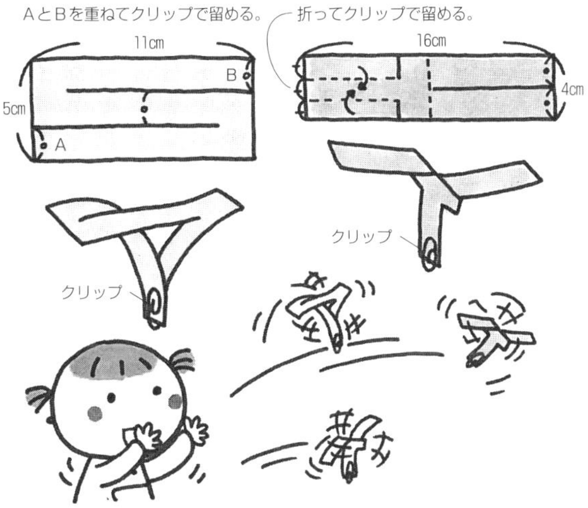

折り紙飛行機　3〜5歳児

準備するもの

B4の上質紙か折り込み広告

遊び方

昔からある折り紙飛行機。この折り方がいちばんよく飛びます。自由保育のときに、みんないっしょに作って飛ばしましょう（人のいない所に向かって投げましょう）。

ポイント

- 正面から見て、翼がY字型になるように角度をつけると、よく飛びます。

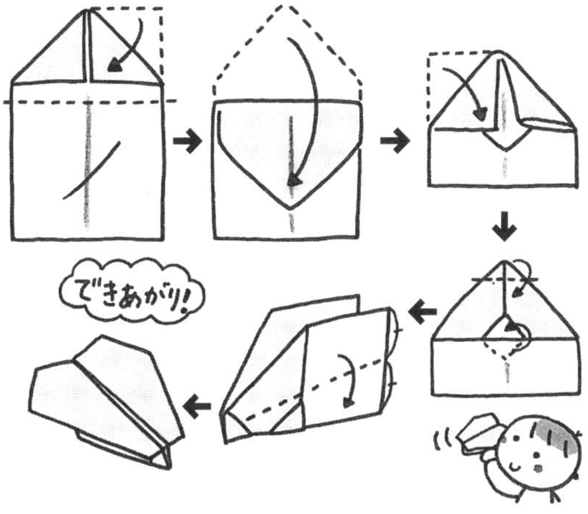

ゲームで遊ぼう

まねっこあそび

遊具がなくても空間を利用して遊びましょう。歩く、走る、跳ぶなどの基本的運動動作を練習しながら、ボディーイメージを形成する機会にもなります。

動物歩き　3〜5歳児

遊び方　（5〜25人）

保育室の片側に、一列になって並びます。保育者が「イヌが行きます」と言ったら手をついて、四つんばいで反対側まで歩きます。「クマが行きます」と言ったら、高ばいで戻ります。いろんな動物の歩き方をまねしながら、行ったり来たりします。

ポイント

- よりイメージが広がるように、歩きながら動物の声で鳴いてみましょう。
- 動物の歩き方は、どんなふうにするか決めておきましょう。例えば、スズメ＝両足をそろえて跳ぶ、コウノトリ＝両手を広げて片足で跳ぶ、ウサギ＝しゃがんで両手を前につき、後ろ足で跳ぶ、ヘビ＝腹ばいになり、手を使って前に進む、ウマ＝前ギャロップなど。

アレンジ

- 円になって歩きながら、次々動物を変えていくこともできます（4・5歳児）。
- おとうさん、おかあさん、お姉さん、赤ちゃん、おじいさんなどや、笑っている人、怒っている人、悲しい人、うれしい人などの表情をテーマにしても楽しいでしょう（5歳児）。

〈スズメ〉

〈コウノトリ〉

〈ウサギ〉

〈ヘビ〉

〈ウマ〉

変身あそび　3〜5歳児

遊び方　（5〜25人）

合図で一斉に、ぶつからないように走ります。保育者が「お地蔵さまになーれ！」と言ったら、銅像やお地蔵さまのように止まって立ちます。

アレンジ1

- ふたりで一つの像を作ったり、「子どもとおかあさん」のように、テーマを決めて像を作ったりしても楽しいでしょう（5歳児）。

アレンジ2

- 「ウサギになーれ」でしゃがみ、「シロクマになーれ」で高ばい、「ペンギンになーれ」でかかと立ち、「フラミンゴになーれ」で片足立ち、「バレリーナになーれ」でつま先立ち、「大男になーれ」で両手を広げ、大の字で立つなど、いろんな姿勢で止まってみましょう（4・5歳児）。

〈ウサギ〉

〈シロクマ〉

〈ペンギン〉

〈フラミンゴ〉

〈バレリーナ〉

〈大男〉

ポイント

- 合図でピタッと止まれるように、「硬い石でできたお地蔵さん」や「鉄で作ったシロクマ」などのことばがけをして、イメージづくりを助けましょう。

イヌのお散歩 4・5歳児

遊び方 （10〜40人）

①ふたり一組で向かい合わせになり、二重円を作って立ちます。
②外側の子どもは足を開いて立ち、内側の子どもはあぐらで座ります。
③「イヌさん外へ」の合図で、内側の子どもは外側の子どもの足の間をくぐって出て、円の周りを1周し、元の場所に戻ったら足の下をくぐり、あぐらで座ります。

アレンジ1

- 内側の姿勢をしゃがむ（アヒルと小屋）、四つんばい（モグラのおうち）、高ばい（クマの洞穴）などに代えてもやってみましょう。

〈アヒル〉

〈モグラ〉

〈クマ〉

アレンジ2

- 右回りや左回りで、それぞれやってみましょう。
- ギャロップで走る、スキップする、高ばいで進むなど、走法を変えてみましょう（5歳児）。

デンキウナギ 5歳児

遊び方 （10〜40人）

①ひとりの子どもが床にうつぶせになり、デンキウナギになります。ほかの子どもはその子どもの体のどこかに手を触れています。
②保育者の「スイッチオン」の合図で、うつぶせの子どもは腹ばいでほかの子どもを追いかけ、タッチします。タッチされた子どもはデンキウナギになり、腹ばいになって同じようにほかの子どもを追いかけます。
③最後にひとりだけが残るまで、デンキウナギがどんどん増えます。

ポイント

- デンキネコ（四つんばい）、デンキクマ（高ばい）など、方法を変えることによって、スリルや運動量が変化します。
- 「停電」「電池切れ」などの合図を途中に入れることによって、あそびのリズムも生まれます。
- 移動の方法に応じて、空間を設定します。

ゲームで遊ぼう

ドキドキ鬼ごっこ

鬼あそびは、追いかける→逃げるが繰り返される、緊張感とスリルに満ちたあそびです。子どもたちは、捕まらないためにすばやく動く、早く走ること、タイミングや空間を工夫すること、ルールを守る、友達と協力して遊ぶことなどを、あそびの中で何度も経験します。心身の両面をトータルに育てるあそびです。

チュウチュウ追っかけ鬼 3・4歳児

遊び方 (5〜15人)

ひとりの子どもがネコ役(鬼)になって、ほかの子どもを追いかけます。捕まったネズミ役の子どもは交代して、ネコになります。

ポイント

- 逃げることがまだ理解できずにあそびが進まない場合は、保育者が鬼になって子どもを追いかけるあそびをしてみましょう。その場合、ネコとネズミのような役に分けて、保育者がネコになり、「ネズミたち食べちゃうぞー」と言いながら子どもたちを追いかけます。

アレンジ❶

- カラー帽子にフェルトで耳をつけたネコの帽子や、ひもでネズミのしっぽを作り、捕まったら帽子としっぽを交換して続けても楽しいでしょう。

ポイント

- 追いかける練習をする場合、保育者がネズミになって、「子ネコたち、わたしを捕まえられるかな、チュウ、チュウ、チュウ」と言いながら、子どもたちから逃げましょう。

アレンジ❷

- 戸外で走り回って疲れるようだったら、逃げ込める巣穴を地面にかいておきます。

しゃがみ鬼 4・5歳児

遊び方 (5〜20人)

鬼がほかの子どもを追いかけます。でも、しゃがんだ子どもは捕まえることができません。その場合、いつまでもしゃがんでいないように、「5数える間に逃げる」などのルールを伝えます(4歳児)。

影踏み鬼 4・5歳児

遊び方 (5〜15人)

ひとりの子どもが鬼になって、ほかの子どもの影を踏むように追いかけます。影を踏まれたら鬼を交代します。踏んだら大きな声で「○○ちゃんをふんだ！」と言います。

ポイント

- 木や建物など、影を隠せる物がある空間で遊びましょう。その場合、「隠れていられるのは10数える間だけ」などのルールで、あそびが続くようにしましょう。
- よく晴れた影のはっきり出る日に遊ぶようにしましょう。「ふんだ」「ふんでない」のもめごとが起こらないように、保育者が審判役を務めましょう。日射病などに気をつけ、子どもの状況がいつでも判断できるように、気をつけながら遊びましょう。

場所変え鬼 4・5歳児

遊び方 (10〜30人)

①3人一組になります。ふたりは手をつないで家になり、その中に残りのひとりが入ります。
②合図で、中の子どもは外に出てほかの家に移動します。
③鬼はその間にだれかを捕まえます。捕まったら鬼と交代します。

ポイント

- 逃げる子どもと家の子どもを交代して、みんなが逃げるスリルを味わえるようにしましょう。
- ぶつからずに動けるだけの、広い場所で遊びましょう。

銅像鬼 4・5歳児

遊び方 (10〜30人)

鬼に捕まった子どもは、その場で動かずじっと立っています。ほかの子どもは、鬼に捕まらないように、立っている銅像にぶつからないように逃げます。

アレンジ

- **凍り鬼**：銅像になっている子どもは、ほかの逃げている子どもがタッチをしたらまた動くことができます(5歳児)。

手つなぎ鬼 5歳児

遊び方 (10〜30人)

初めはひとりの子どもが鬼になります。捕まった子どもは手をつないで鬼になり、ほかの子どもを追いかけます。鬼は3人までいっしょに手をつないで、4人になったらふたりずつに分かれます。

アレンジ

- ふたりずつに分かれないで、捕まった子ども全員が手をつないで鬼になるという、『増え鬼』の遊び方もできます。この場合、人数が多すぎると手をつないで移動することが難しくなりますので、15人くらいまでの場合で、子どものようすを見て決めましょう。

鬼決め

子どもが丸くなって両手を出し、保育者がうたったり唱えながら順に触り、最後に手が当たった人が鬼になります。

- 「いーもの にーたの さんまの しおやき ごぼうの むしたの なのはな はくさい きゅうり とーなす」
- 「どっちどっち えーべっさん えーべさんに きいたら わかる」
- 「ちゅう ちゅう たこ かい な」

ゲームで遊ぼう

どんどん進め!!　競争あそび

力と技を競い合うことへの成熟が見られるのは、6〜7歳になってからとされていますが、いくつかのやさしい種類を実践することで、巧みさを学ぶことや注意力の練習、努力することやルールの理解、競い合う楽しさを、子どもたちは学び育てていきます。

走りっこ　4·5歳児

遊び方

(5〜40人)

4歳児＝15〜20mをまっすぐに走る。
立ちから立ちへ、しゃがみからしゃがみへ、あぐらからあぐらへ、四つんばいから四つんばいへなど、スタートとゴールの姿勢を決めて、競争します。

遊び方

5歳児＝20〜25mをまっすぐに走る。
4歳児の活動に加えて、後ろ向きに走る、横向きに走る、スキップで、ギャロップでなど、走り方を変えます。

アレンジ

- **物を持って**：ボール、まめがら袋、積み木などを、両手で前に、頭上に、首の後ろになど。

アレンジ

- コーンを置いて、ジグザグによけて走るなど。
- 途中に片足跳びを入れる、往復走にするなど。

ペンギン競走　4·5歳児

遊び方

(5〜40人)

①まめがら袋をひざの間に挟んで立ちます。
②合図とともに、まめがら袋を落とさないように小刻みに歩きます。
③落としたら拾って、またひざの間に挟んで進みます。

ポイント

- 「ここはペンギンの住む南極大陸です。みんなはペンギンのおとうさん、おかあさんです。子どもたちの所へ、えさを持って帰るよ。落とさないように気をつけて」「遠くまで落とさずに運べるかな」「だれがいちばん早く運べるかしら」などのことばがけで、あそびを楽しく展開しましょう。

アレンジ

- **ウサギ**：ひざの間に挟んで、両足で跳んでいく。
- **ザリガニ**：おなかに載せて、手と足で進む(5歳児)。
- **ツル**：片足のひざの後ろに挟んで、片足跳び(5歳児)。

後ろへ送れ　5歳児

遊び方　（10～40人）

①各グループ一列に並んで、両足を開いて立ちます。先頭の子どもはボールを持ち、ほかの子どもは両手を高く上げます。
②スタートの合図で、ボールを後ろへ送っていきます。
③列の最後までボールが来たら最後の子どもがボールを持って先頭まで走っていき、そこからまたボールを後ろに送ります。
④始めに先頭だった子どもが再びいちばん前に来たら終わりです。

アレンジ

- 送るものをまめがら袋、積み木、ぬいぐるみなど、ほかのものに変えてみましょう。
- 足の間から送る、横向きに送る、上下交互に送るなど、送り方を変えてみましょう。

〈ぬいぐるみを横向きに送る〉

〈ボールを足の間から送る〉

ジャガイモ運びリレー　5歳児

遊び方　（10～40人）

①各グループ、ボールをひとり１個持って縦に並び、スタートラインから5～7mの所にフープを置きます。
②スタートの合図で子どもはボールを持って走り、フープの中に置いて戻ってきます。
③戻ってきたら次の子どもがスタートして、いちばん早くボールを置き終わったところが勝ちです。

アレンジ

- 置き終わったら、次は取ってくることもやってみましょう。
- フープまでの距離を延ばしたり、フープの数とボールの数を増やしたり、実際に紙などで作ったジャガイモを運んでみたりしても楽しいでしょう。

競争あそび展開上の留意点

5歳ごろになると、あそびを正確に運ぶこと、結果をきちんと評価することを期待するようになってきます。また、だれがいちばんかということにも関心が高くなってきて、勝ちたいためにズルをするような傾向も表れます。
※あそびが正確に進むよう課題をきちんと伝え、ズルをせず、正々堂々と競うことを伝えましょう。
※順位は正しく伝え、早くできたことを評価するとともに、遅くても課題に挑戦したこと、成功できたことも評価するようにしましょう。

ゲームで遊ぼう

わらべうたあそび

わらべうたあそびは、子どものあそびから生まれ、昔からうたい継がれ、遊ばれてきました。少ない音と狭い音域でできたメロディーに動作がついている、リズミカルで動きのある楽しいあそびです。うたうこと、聞くこと、動くことを同時にすることで、運動機能の統合的な発達を助けます。

なべなべ　4･5歳児

遊び方　(10〜40人)

①みんなで手をつないで輪になり、つないだ手を振りながらうたいます。
②歌の終わりで手を離して後ろ向きになります。
③手はつながず、後ろ向きのままうたい、歌の終わりで元に戻って手をつなぎます。この動作を繰り返して遊びます。

なべなべ（わらべうた）

な べ な べ そ こ ぬ け
そ こ が ぬ け た ら か え り ま しょう

アレンジ

- ふたり組でもできます。向かい合って手をつなぎ、振りながらうたって、歌の終わりで手をつないだまま背中合わせになります。そのままの状態でうたって、また元に戻ります(5歳児)。

お寺のおしょうさん　4･5歳児

遊び方　(10〜30人)

ふたり組で二重円を作ります。最初の6小節は手合わせです。まず自分の手を打ち、次に相手と打ち合わせます。「めがでて」で両手を合わせ、「ふくらんで」でその手を膨らませます。「はながさいたら」で両手を花のように開きます。「じゃんけんぽん」で、相手とじゃんけんします。勝ったら万歳、負けたらおじぎ、あいこは握手をします。

1回うたい終わったら外側の子どもが右へずれていくようにして、相手を替えて続けます。

ポイント

- 最後のじゃんけんまでスムーズに進むように、うたう速さに気をつけましょう。

お寺のおしょうさん（わらべうた）

お て ら の お しょう さん が か ぼ ちゃ の た ね を ま き ま し た

この動作を繰り返します。

め が で て ふ く らん で は な が さい た ら ジャン ケン ポン

てるてるぼうず　4歳児

遊び方　(8～25人)

①輪になり、ひとりの子どもが中に入ります。。
②てるてるぼうずを持って中を歩き、歌の終わりで近くにいる子どもにてるてるぼうずを渡し、交替します。

てるてるぼうず（わらべうた）

て る て る ぼう ず て る ぼ う ず
あ した てん き に し て お く れ

アレンジ

- 「てるてるぼうず」とうたうところを、「ゆうゆうぼうず」とか「あきあきぼうず」など、中の子どもの名前を呼んでも楽しいでしょう。

足じゃんけん　5歳児

遊び方　(2～40人)

足で2回ずつ動作をし、最後のほいで好きな形をします。

- グ　ー：両足をそろえます。
- チョキ：両足を前後に開きます。
- パ　ー：両足を左右に開きます。
- 「いーもに(グー)、めがでて(チョキ)、はがでて(パー)、ほい」
- 「だいこん(パー)、かぶらの(グー)、にんじんの(チョキ)、ほい」

〈グー〉
〈チョキ〉
〈パー〉

ポイント

- 特にメロディが決まっているわけではない唱え歌なので、言葉のリズムでメロディをつくってうたってみましょう。

縄跳び　5歳児

遊び方　(3～30人)

①ふたりが縄を持ち、左右に揺らします。その揺れる縄を踏まないように跳びます。
②歌の最後で縄をまたぎ、次の子どもと交代します。

ポイント

- どの方法で跳びたいか、子どもが選択できるよう配慮しましょう。
- 縄を持っている子どもも、順番を待っている子どもも皆でうたいながら進めていきましょう。跳ぶリズムとタイミングをつかんでいく助けになります。

アレンジ

- 縄を回す山回しでもやってみましょう。そのときは歌の最後に縄の外へ出るのではなく、足で縄をまたぐようにして終わります。
- 慣れてきたら、跳ぶ人数をふたりに増やしてみましょう。

大波小波（わらべうた）

おお な み こ な み で
ぐ る り と ま わ し て ね(にゃん)こ の め

自然と遊ぼう

水あそび・砂や土あそび

子どもは水あそび、砂や土あそびが大好きです。ぬれてもよいかっこうで、思いきり遊ぶようにしましょう。

遊ぶとき、食器や容器を置いておくと、あそびが広がります。

牛乳パックのじょうろ・噴水 1〜5歳児

準備するもの

牛乳パック、ハサミ、千枚通し（きりやくぎ）、ホッチキス

作り方

①図のように取っ手の部分を作ります。
②じょうろ：牛乳パックの底に近い部分の1カ所に、千枚通し（またはきりやくぎ）で穴をあけると出来上がりです。
噴水：側面3面の数か所に、ばらばらに穴をあけます。水道の水を入れると、3方向に水が飛びます。下の穴からは遠くへ、上の穴からは少ししか飛びません。

遊び方

水を入れて、花に水をやったり、地面にまいて遊びましょう。

アレンジ

• 保育者が牛乳パックのじょうろや噴水を5〜6個作っておくと、1〜3歳児の水あそびの遊具になります。

土まんじゅうやケーキを作ろう 1〜5歳児

準備するもの

砂、プリンやアイスクリーム容器、バケツ、プラスチック容器、水

遊び方

• 砂場で遊ぶ
①プリンやアイスクリームなどの容器と、バケツに水をいっぱい入れて砂場に運びます。
②砂に水と容器が加わると、あそびが一気に広がります。土まんじゅうやケーキ作りをしましょう。葉っぱが加わると、もっとあそびが広がり、ままごとあそびに発展します。
③あそびに加わってきた子どもに、うまくあそびを広げていきましょう。

ポイント

• 砂場で山を作ったり穴を掘って自由に遊んで、あそびが行き詰まってきたころあいに、次のあそびに発展させましょう。

ピカピカ土だんごを作ろう 1〜5歳児

準備するもの

机や台、土、水、牛乳パック、ハサミ

遊び方

①水場の近くに机や台を置いて、土と水を用意します。
②大きな容器に土をたっぷり入れて、少しドロドロした土だんごが作りやすい量の水を入れます。
③両手で直径5〜8cmぐらいの土だんごの玉を作ります。
④両手のひらで土だんごを回転させ、乾燥した砂を表面にまぶします。その繰り返しで、少しずつ固い土だんごを作りましょう。
⑤途中で割れてしまったらまた挑戦。子どもはどんどんじょうずになっていきます。
⑥ピカピカの土だんごができたら、高さ10cmぐらいに切った牛乳パックのおうちに保管しておきましょう。

ポイント

• 保育者は褒めたりコツを教えたりし、壊れたときは残念がって、再挑戦を促しましょう。

色水あそび（花びらでジュースを作ろう） 1〜5歳児

準備するもの

花、葉っぱ、ポリ袋（18×25cmぐらい）、水、輪ゴム、容器

遊び方

①園庭で咲き終わった花びらを、みんなでかごにいっぱい集めましょう。
②花びらを色別に分けます。
③18×25cmぐらいの大きさのポリ袋に、同じ色の花びらを入れます。
④ポリ袋に水を入れて、口を輪ゴムで縛ります。
⑤ポリ袋が破れないように花びらをグチュグチュもんでみたり、感触を楽しんでいると、色水ができてきます。
⑥赤色、黄色、緑色のジュースを容器に入れて、ままごとあそびをしましょう。

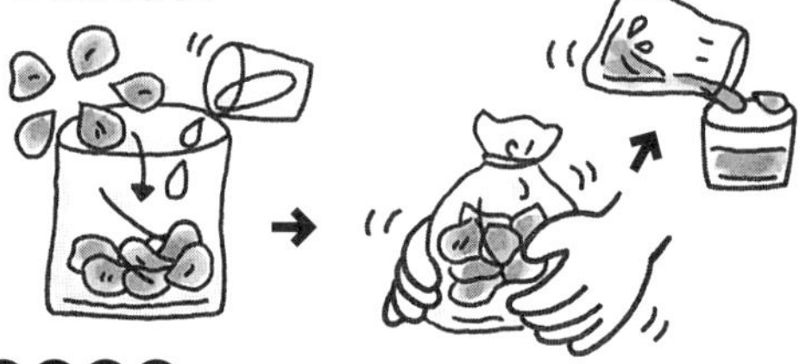

アレンジ

• 色水のジュースができたら、ごっこあそびに発展しましょう。

自然と遊ぼう 知っておきたい自然のあそび

園外保育や散歩に出たとき、子どもたちと野草を使ったあそびをして自然に親しみ、自然のすばらしさを体感しましょう。

エノコログサのあそび 2～5歳児

遊び方

- 出てこい毛虫
  図のように穂を逆さにして軽く握り、優しく握ったり緩めたりすると、穂が毛虫のように上に上がってきます。
- つけひげ
  図のように穂を半分ぐらいまで裂いて、鼻の下にくっつけると、つけひげになります。

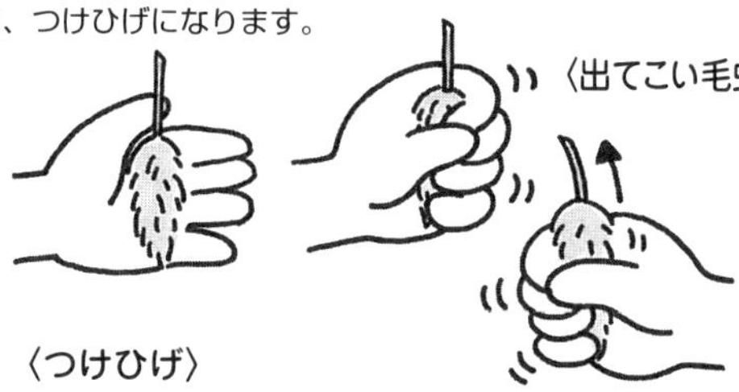

アレンジ

- 野草の図鑑を持って散歩にいき、植物の名前を覚えましょう。

タンポポのあそび 1～5歳児

遊び方

- 綿帽子飛ばし
  道端に生えているタンポポの綿帽子を吹くと、落下傘のように遠くに飛んでいきます。
- タンポポの笛
  タンポポの茎を3～4cmくらいの長さに切ります（中が筒状になっています）。一方の端を指で押しつぶし、そこを少し深く口に入れて吹くと、ビーという音がします。

ササ舟 4･5歳児

ササの葉で作る伝承あそびとして、よく知られているササ舟です。川や池や水槽で浮かべて遊びましょう。

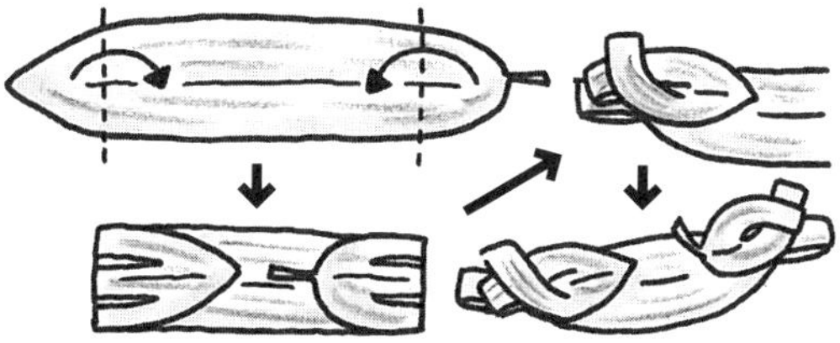

アレンジ

- 花を乗せたり、帆をつけたりしてみましょう。

カラスノエンドウの笛 4･5歳児

作り方

よく膨らんだカラスノエンドウのさやを摘み、図のように開いて種を出します。根もとを3分の1ほどちぎります。

遊び方

さやの先から、口の中に深く入れて吹きます。ピーピーとよく鳴ります。

ポイント

- 子どもの前でやって見せる前に、必ず一度自分でやってみましょう。

自然と遊ぼう

花で飾ろう

落ちている花を集めて、子どもといっしょに花の飾りを作って楽しみましょう。

浮かし花　3～5歳児

準備するもの

ミカンが入っている網の袋、大きい皿と少し小さい皿、いろいろな花、水

作り方

①小さい方の皿を網の中に入れて、図のように摘んできた花や葉を網に挿します。
②下に大きい皿を置いて、水を満たします。

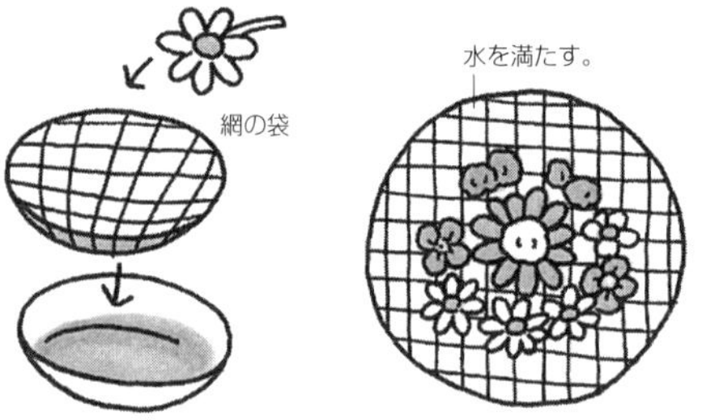

アレンジ

- テーブルの上に置くと、テーブルデコレーションになります。
- お皿に水を張って、花を数本浮かべるだけでもできます。水に浸すので、花が長もちします。

花冠　4・5歳児

準備するもの

レンゲソウの花

作り方

①レンゲソウの花を摘んで3～5本束ね、図1・2のように1本ずつ繰り返し巻いていきます。
②25～35cmになったら、輪にして前と後ろを巻き込んで留めます。

レイ　3～5歳児

準備するもの

ヘアピン、ひも

作り方

落ちているツバキやツツジやサツキの花を集めて、ヘアピンにひもを通して、花びらをつないでいきましょう。

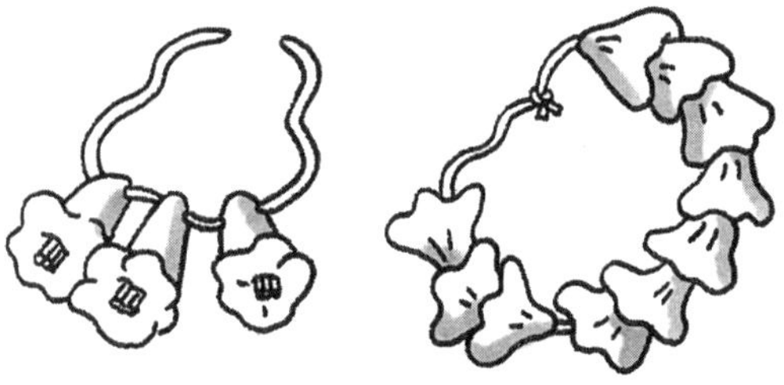

ブーケ（花束）　4・5歳児

準備するもの

花、脱脂綿、ポリ袋、アルミホイル、輪ゴム、リボン、ハサミ、水

作り方

①花の束を作ります。
②水を含んだ脱脂綿をポリ袋に入れ、花束を差し込んで、ポリ袋を巻いて輪ゴムで留めます。
③アルミホイルを図のようにして、くるくる巻きます。

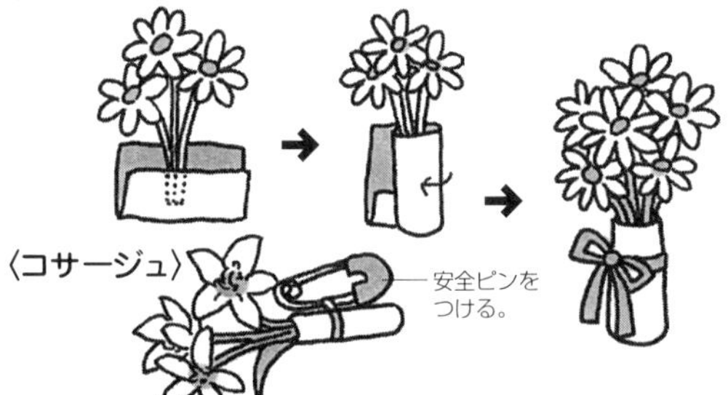

アレンジ

- **コサージュの作り方**：花の本数を少なくして、ブーケと同じように作ります。安全ピンをつけて、花を下向きにして洋服の胸や襟もとにつけます。

イメージして遊ぼう ファッションショー

自分が作った帽子、洋服、靴を身につけて、音楽に合わせてファッションショーをして遊びましょう。

帽子や靴や衣装を作ることによって、身近なものを作ったり飾ったりする楽しさを味わいましょう。

紙袋で帽子を作ろう 4・5歳児

準備するもの

いろいろな紙袋、色画用紙、折り紙、モール、毛糸、ハサミ

作り方

①家にある紙袋を持ち寄り、いろいろかぶってみます。
②気に入った紙袋を切ったり、折ったり、曲げたり、穴をあけて、楽しい帽子を作りましょう。
③折り紙や色画用紙、モールや毛糸など、思いつくまま、自由にイメージを描いて作っていきましょう。

ポイント

• 飾りに使えそうな材料は、日ごろからたくさん集めて箱に入れておきましょう。

ポリ袋のかっこいい衣装 4・5歳児

準備するもの

ゴミ用の大きなポリ袋、折り紙、ハサミ、スズランテープ、セロハンテープ

作り方

①ゴミ用の大きなポリ袋に、図のように首と両手が出せる穴をあけ、服のベースを作ります。
②スズランテープ、折り紙など、身近にあるいろいろなものをセロハンテープで留めて飾り、きれいなドレスを作りましょう。

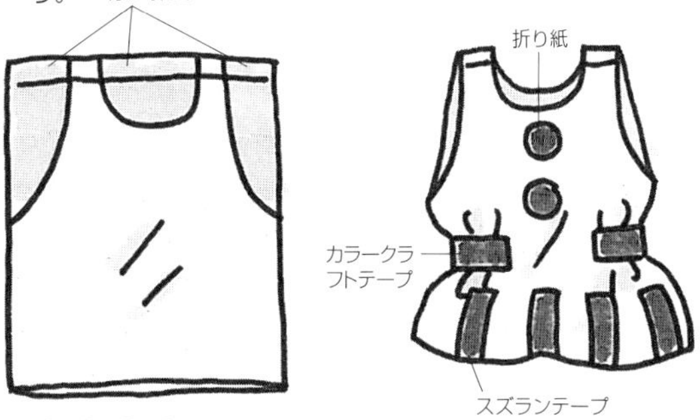

ポイント

• 折り紙を折って切る切り紙で、模様を作りましょう。

紙の靴を作ろう 4・5歳児

準備するもの

紙袋、新聞紙、包装紙、ハサミ、のり、セロハンテープ、ひも

作り方

①紙袋、新聞紙、包装紙など、なんでも靴の材料になります。
②紙の上に足を置いて、紙を折ったり曲げたり切ったりして、足にぴったり合わせましょう。のりやセロハンテープで留めたり、ひもで縛るなどして、自由に靴を作りましょう。

ポイント

• 作業がしにくいときは、友達と協力しあって作りましょう。

ファッションショーをしよう 4・5歳児

遊び方

帽子、ドレス、靴ができたら全部身につけて、音楽に合わせてポーズをとりながら歩いてみましょう。

アレンジ

• 全身が写る鏡を用意しましょう。
• 写真に撮って、記録しておきましょう。

イメージして遊ぼう

お店屋さんごっこをしよう!

みんなでお店屋さんを作りましょう。魚屋さん、洋服屋さん、帽子屋さん、ケーキ屋さんといろいろあります。グループで相談して、なんのお店にするかを決めてから作ってもいいし、みんなで好きな物を作ってから、グループ分けして展示してもよいでしょう。

ケーキ屋さん　3〜5歳児

遊び方

発泡スチロールをスポンジに見たてて、ビーズやおはじきなどいろんなものを使って飾ります。クリームやチョコレートは、絵の具で塗りましょう。子どもはあそびの天才です。いろいろなものをなんでも利用して作ります。

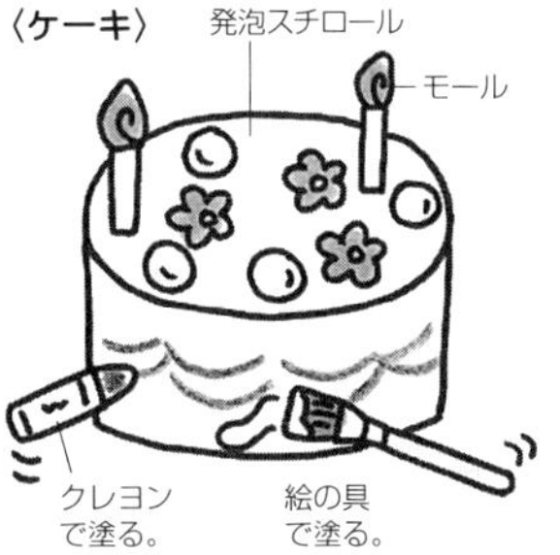
〈ケーキ〉
発泡スチロール
モール
クレヨン
で塗る。
絵の具
で塗る。

やお屋さん　3〜5歳児

遊び方

紙をクシャクシャにして、イモ、ダイコン、カボチャ、キャベツなど、いろいろな野菜や果物を、手分けして作りましょう。

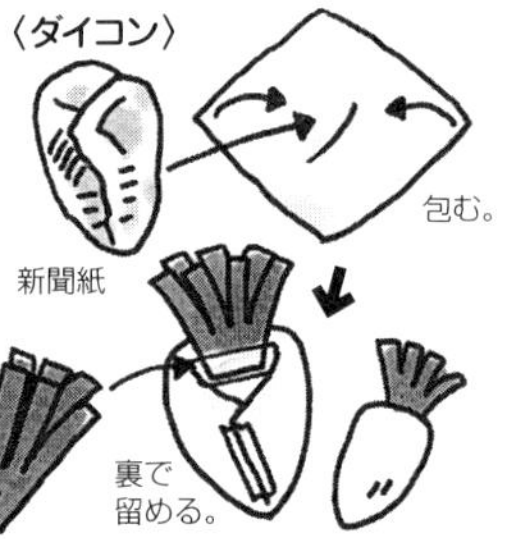
〈ダイコン〉
新聞紙
包む。
裏で
留める。

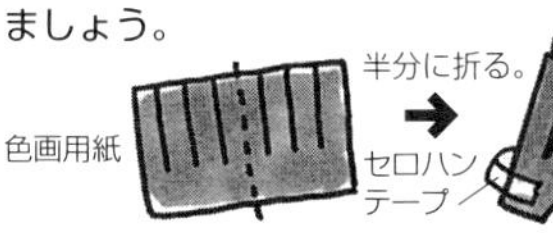
色画用紙
半分に折る。
セロハン
テープ

お菓子屋さん　2〜5歳児

遊び方

小石に色を塗ってセロハンで包むとアメ玉、段ボールで板チョコなど…。子どもはお菓子屋さんが大好きです。夢中になって作ります。

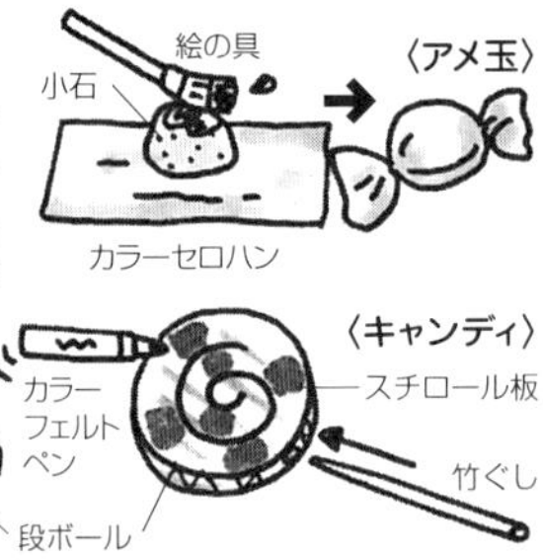
絵の具
小石
〈アメ玉〉
カラーセロハン
〈キャンディ〉
カラー
フェルト
ペン
スチロール板
竹ぐし
段ボール

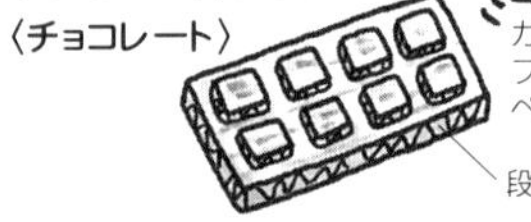
〈チョコレート〉

魚屋さん　2〜5歳児

遊び方

色画用紙や段ボールを魚の形に切って、いろいろな魚や海産物を作りましょう。

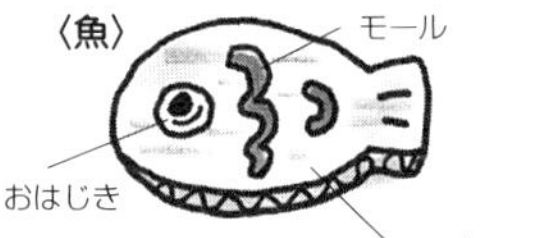
〈魚〉
モール
おはじき
段ボール

〈イカ〉
スズラン
テープ
段ボール
ストロー
〈タコ〉
太い
モール

クレープ屋さん　3〜5歳児

遊び方

丸く切った紙の1カ所に切り込みを入れて丸め、テープで留めて三角コーンを作ったら、クレープやアイスクリームに。

紙コップに綿を入れて、水彩絵の具で染めるとかき氷。

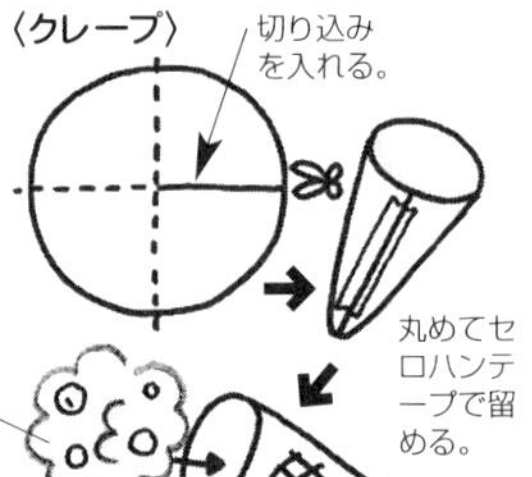
〈クレープ〉
切り込み
を入れる。
丸めてセ
ロハンテ
ープで留
める。

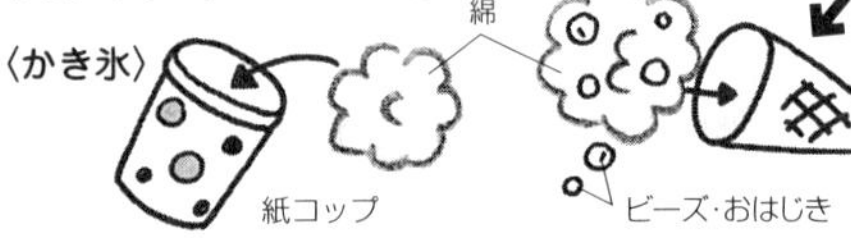
〈かき氷〉
綿
紙コップ
ビーズ・おはじき

ファーストフードショップ　3〜5歳児

遊び方

スポンジで段ボールを挟んでハンバーガー、サンドイッチ、クッキーなど、ほかにもいろいろ考えて、自由に作りましょう。

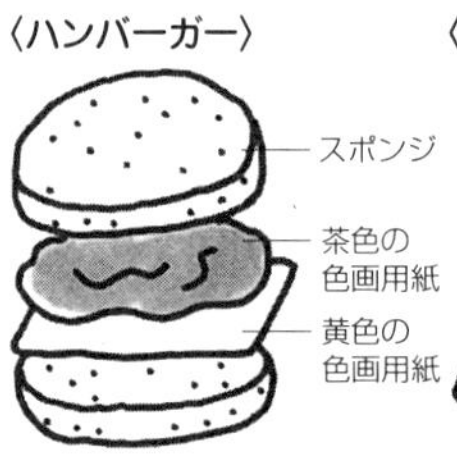
〈ハンバーガー〉
スポンジ
茶色の
色画用紙
黄色の
色画用紙

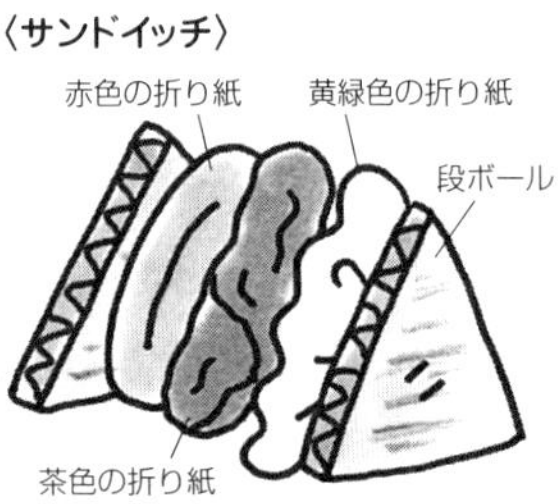
〈サンドイッチ〉
赤色の折り紙
黄緑色の折り紙
段ボール
茶色の折り紙

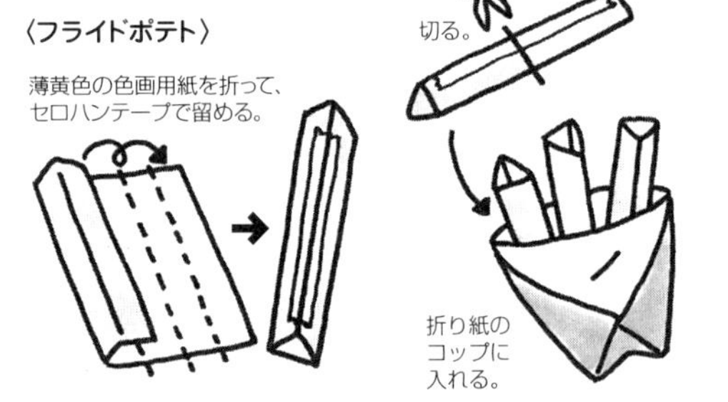
〈フライドポテト〉
薄黄色の色画用紙を折って、
セロハンテープで留める。
切る。
折り紙の
コップに
入れる。

ポイント

- 『お店屋さん』をする前に、市場やスーパーマーケットに見学に行って、社会勉強もしましょう。
- 「どんなお店があるかな？」「好きなお店を作りましょう」というような導入の仕方で、子どもたちのしたいお店屋さんを開いてみましょう。
- 段ボールが形どおりに切れないときは、保育者が切るようにしましょう。

実習の終わりに 子どもたちとのお別れのあいさつ

実習の終わりのお別れ会。歌をうたったり、リズムで踊れる人はいいけれど、そういうのは苦手という人は、「手作りおもちゃで隠し芸」という方法もあります。いくつか組み合わせながら、元気に楽しくニコニコしながらやりましょう。

クルクルアニメーション 5歳児

準備するもの

画用紙、丸ばし、竹ぐし、ストロー、輪ゴム、ハサミ、のり、千枚通し、フェルトペン

作り方・遊び方

A：2枚の画用紙に絵をかき、丸ばしや竹ぐしを挟んでのりづけします。両手で挟んで、クルクル回します。

B：丸く切った2枚の画用紙に絵をかき、ストローを挟んではり合わせます。ストローに竹ぐしを通し、息を吹きかけて回します。小鳥が鳥かごに入ったように見えます。
両端に千枚通しで穴をあけ、輪ゴムをつけて、ねじって回してもよいでしょう。

A

ワニの口が、開いたり閉じたりします。

B

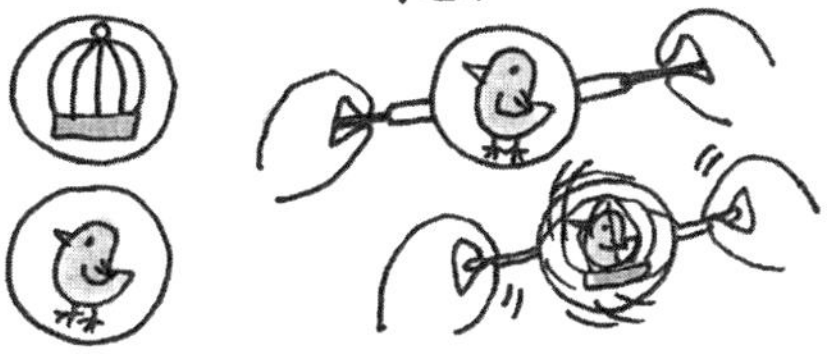

六角変身

準備するもの

画用紙、鉛筆、定規、カッターナイフ、ハサミ、のり

作り方・遊び方

①画用紙に、一辺5cmの正三角形を10個つないだ形の展開図を正確にかいて切り取り、折り目をつけます。
②図のように折り、最後に10の裏と1の裏をのりで留めます。
③一つ目の絵をかいたら、折り畳んで中央から開き、次の面に二つ目の絵をかきます。
全部で三面に絵をかきます。

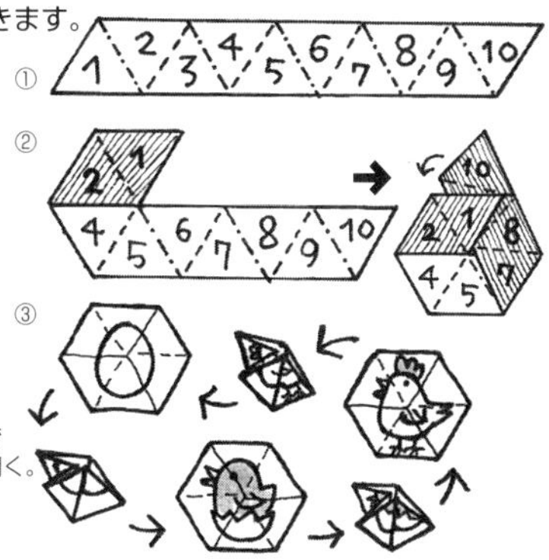
①
1 2 3 4 5 6 7 8 9 10
②
③
折り畳んで中央から開く。

アレンジ

- 多くの人に見せるときは、大きな紙で作りましょう。

カメラでハイ！ チーズ!! 5歳児

準備するもの

画用紙、針、カッターナイフ、ハサミ、フェルトペン

作り方・遊び方

①画用紙を二つに折ります。
②図のように、4か所に針で穴をあけます。
③画用紙を広げてカッターナイフで切り込みを入れ、表に顔、裏にレンズの絵をかきます。
④図のように畳み、矢印の所をすばやく開くと顔が現れます。

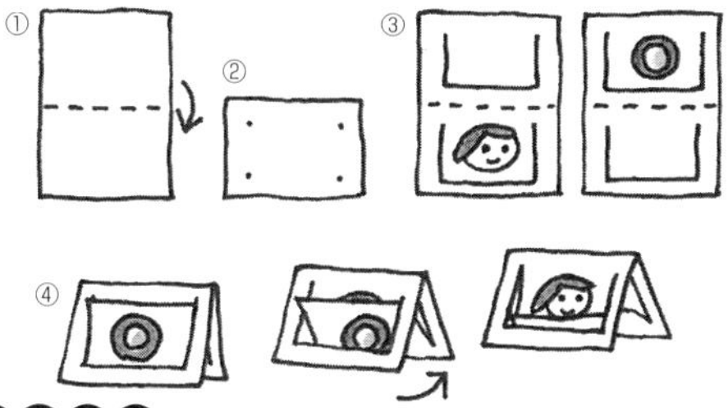
①
②
③
④

ポイント

- カメラで写真を写すかっこうをして、「はい、パチリ」と言ってすばやく開きます。
- 子どもひとりひとりや、グループごとで似顔絵をかいておくとよいでしょう。

お別れのあいさつに

プログラム例

- パクパクグッズであいさつ（7〜9ページを参考に）。
- 実習生の隠し芸（53ページを参考に）。
- みんなとの思い出に、カメラで記念撮影（53ページ「カメラでハイ！ チーズ!!」を参考に）。
- 先生からお別れのプレゼント（50・54ページを参考に）。

みんなといっしょに過ごせて、楽しかったです。また会おうね。

実習の終わりに
さようならプレゼント

実習で楽しく過ごした思い出に、子どもたちに「手作りのプレゼント」を贈りましょう。多人数なので、簡単に作れて、お金があまりかからず、子どもが喜んでくれる、心の込もったプレゼントを考えましょう。

飛び出すカード

準備するもの

色画用紙、折り紙、ハサミ、のり、フェルトペン

作り方

①B4またはB5判の色画用紙を半分に折ります。
②図Aのように切り込みを入れて折り返します。折り目の所に、ハート形や動物の顔、子どもの似顔絵などをはって、開いたときにうまく飛び出すか調節します。
図Bのように、折りヅルをはってもよいでしょう。
③子どもへの簡単なメッセージを書きます。
④外からもう1枚、カバーの色画用紙をはります。

アレンジ

• 実習中にあったことなどを、思い出として書きましょう。

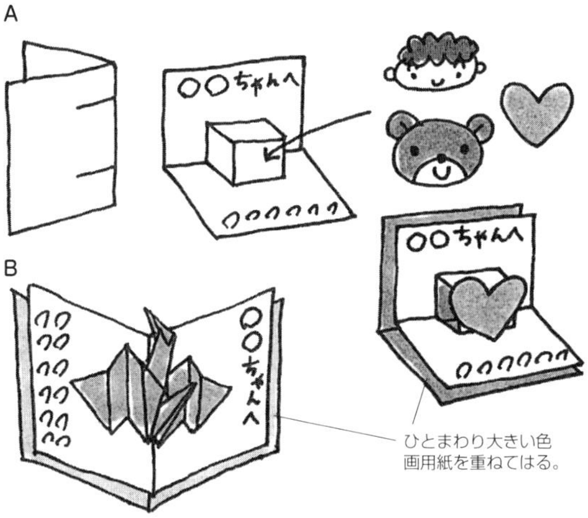
A
○○ちゃんへ
B
○○ちゃんへ
ひとまわり大きい色画用紙を重ねてはる。

元気でねメダル 4・5歳児

準備するもの

色画用紙、紙テープ、ハサミ、ホッチキス、フェルトペン、のり

作り方

①色画用紙を使ってメダルを作ります。直径8cmと12cmに切り、重ねて円盤にしたり、動物などの形にしてもよいでしょう。
②中に絵や模様をかき、「げんきでね」などのメッセージも書きましょう。
③紙テープで図のような輪を作り、ホッチキスで留めます。
④テープの上にメダルをはって出来上がり。

ポイント

• ひとりひとりに声をかけながら、首にかけてあげましょう。
• 4・5歳児の製作活動にも生かせます。

紙テープ
ホッチキスで留める。
○○ちゃん 元気でね

羽ばたく小鳥 4・5歳児

準備するもの

色画用紙、ハサミ、のり

作り方・遊び方

①B5またはB6判の色画用紙で、図の通りに作ります。
②図のように頭部と尾の部分を左右に動かすと、小鳥が羽ばたいているように見えます。

アレンジ

• 「折り紙のカラス」(7ページ)、「羽ばたく折りヅル」(17ページ) なども、プレゼントに向いています。
• プレゼント用だけでなく、4・5歳児の製作活動にも生かせます。

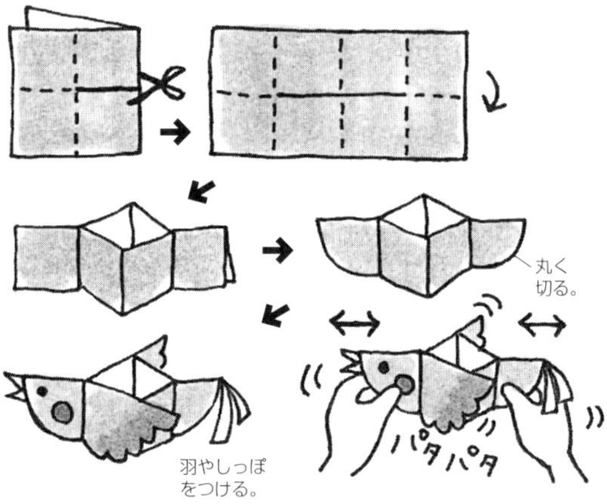
丸く切る。
羽やしっぽをつける。
パタパタ

指導案を書こう

指導案の書き方

指導案は、保育の内容やねらいを、子どもの実態を踏まえて、どう活動し、どう展開していくか、その構成を考えて書きましょう。指導案を書くことによって、指導の手だてや援助の方法、時間配分、教具や用具の準備や与え方などが見えてきます。

本書のイラストつきの教材事例、「ポイント」や「アレンジ」、「実習指導案の例」を参考に、指導案づくりをしましょう。そして、子どもの動きを見ながら柔軟に保育を展開していきましょう。

保育内容を決めるとき

①子どもの発達段階（62～63ページ参照）を考慮し、今までの生活や学習してきたことを踏まえて、何をできるようにしたい（育てたい）のか、どういう体験をさせたいのかを考えに入れて、保育内容を決めましょう。

②指導係の保育者から「こういう内容の保育をしてほしい」と指定される場合と、内容を実習生が決める場合とがあります。学校で学習したことや、この本の中の教材などから数種類の原案を用意して、指導係の保育者と相談するようにしましょう。

③題材を決めるとき、発達段階、遊具、用具、材料、環境、設定時間などのあらゆる要素から、子どもたちにとって楽しいのか、可能なのかを考えて立案しましょう。

④子どもがやりたい、遊びたいと飛びつくような教材づくりをしましょう。特に導入では、遊びたい、作りたいと興味をもつ手だてや工夫をしましょう。

⑤体を動かす活動をするときは、まず自分が子どもの立場になって動いてみましょう。そのとき保育者の立場で何をするかをイメージしてみます。作る活動のときは、実際に自分で作ってみると、子どもがつまずくところ、援助するところ、必要な手だてが見えてきます。

⑥導入で使う作品例や図解などの資料を準備しておくと、子どもは理解しやすいです。

書き方の例（指導案の書式は実習先によって違いがありますが、下のようにポイントをしっかり押さえておきましょう。）

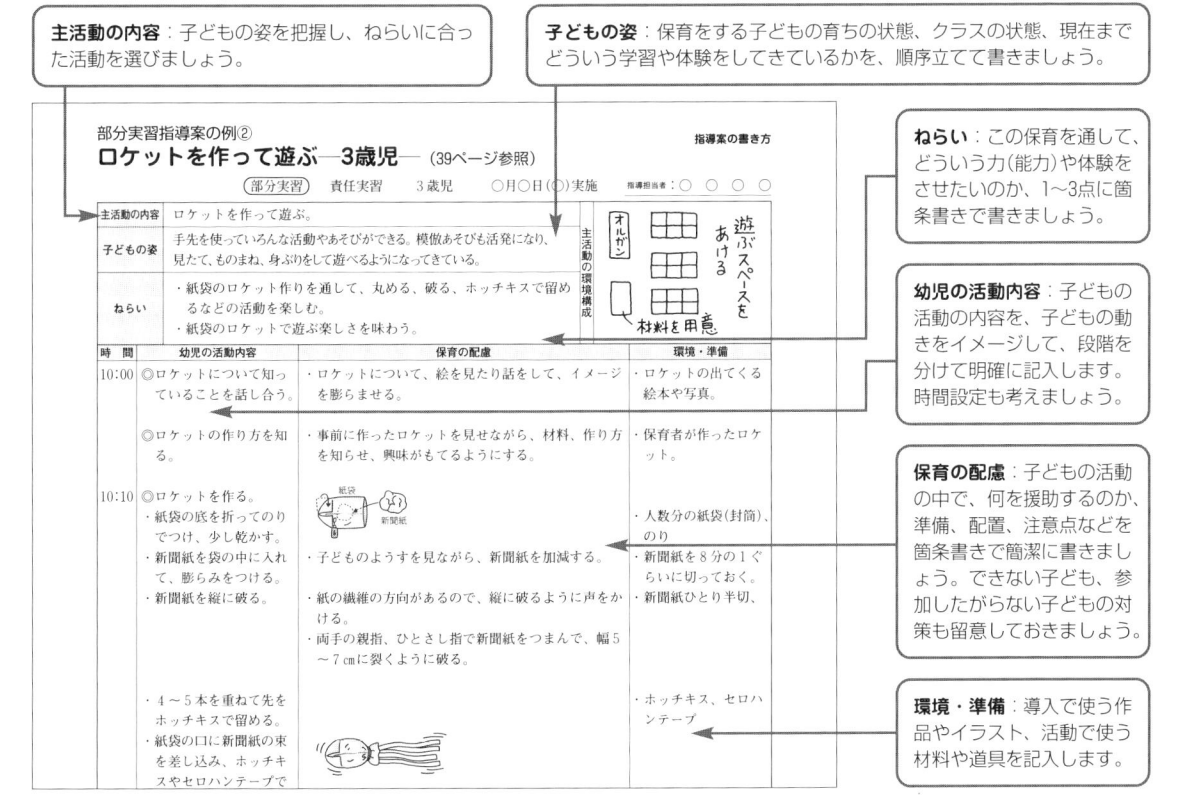

主活動の内容：子どもの姿を把握し、ねらいに合った活動を選びましょう。

子どもの姿：保育をする子どもの育ちの状態、クラスの状態、現在までどういう学習や体験をしてきているかを、順序立てて書きましょう。

ねらい：この保育を通して、どういう力(能力)や体験をさせたいのか、1～3点に箇条書きで書きましょう。

幼児の活動内容：子どもの活動の内容を、子どもの動きをイメージして、段階を分けて明確に記入します。時間設定も考えましょう。

保育の配慮：子どもの活動の中で、何を援助するのか、準備、配置、注意点などを箇条書きで簡潔に書きましょう。できない子ども、参加したがらない子どもの対策も留意しておきましょう。

環境・準備：導入で使う作品やイラスト、活動で使う材料や道具を記入します。

指導案の書き方

部分実習指導案の例②

ロケットを作って遊ぶ―3歳児―（39ページ参照）

(部分実習)　責任実習　3歳児　○月○日(○)実施　指導担当者：○　○　○　○

主活動の内容	ロケットを作って遊ぶ。	主活動の環境構成
子どもの姿	手先を使っていろんな活動やあそびができる。模倣あそびも活発になり、見たて、ものまね、身ぶりをして遊べるようになってきている。	
ねらい	・紙袋のロケット作りを通して、丸める、破る、ホッチキスで留めるなどの活動を楽しむ。 ・紙袋のロケットで遊ぶ楽しさを味わう。	

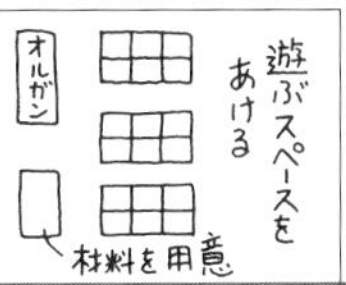

時間	幼児の活動内容	保育の配慮	環境・準備
10:00	◎ロケットについて知っていることを話し合う。	・ロケットについて、絵を見たり話をして、イメージを膨らませる。	・ロケットの出てくる絵本や写真。
	◎ロケットの作り方を知る。	・事前に作ったロケットを見せながら、材料、作り方を知らせ、興味がもてるようにする。	・保育者が作ったロケット。
10:10	◎ロケットを作る。 ・紙袋の底を折ってのりでつけ、少し乾かす。 ・新聞紙を袋の中に入れて、膨らみをつける。 ・新聞紙を縦に破る。	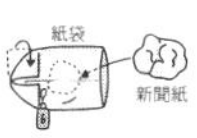 ・子どものようすを見ながら、新聞紙を加減する。 ・紙の繊維の方向があるので、縦に破るように声をかける。 ・両手の親指、ひとさし指で新聞紙をつまんで、幅5～7㎝に裂くように破る。	・人数分の紙袋(封筒)、のり ・新聞紙を8分の1ぐらいに切っておく。 ・新聞紙ひとり半切、
	・4～5本を重ねて先をホッチキスで留める。 ・紙袋の口に新聞紙の束を差し込み、ホッチキスやセロハンテープで	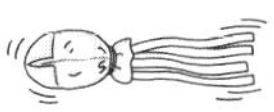	・ホッチキス、セロハンテープ

※次のページからの例は、あくまで参考です。イメージする材料として考えてください。

部分実習指導案の例①

つながり歩きを遊ぶ―2歳児―（14ページ参照）

（部分実習） 責任実習 2歳児 ○月○日（○）実施 指導担当者：○ ○ ○ ○

主活動の内容	つながり歩きを遊ぶ。
子どもの姿	基本的運動技能を秩序立ててできるようになる時期だが、まだ動きのぎこちなさやバランスの悪さが見られるとき。
ねらい	・歩く、しゃがむを繰り返す中で、移動運動と平衡性の能力を高める。 ・友達とかかわり、動きのリズムを楽しんで遊ぶ。

主活動の環境構成

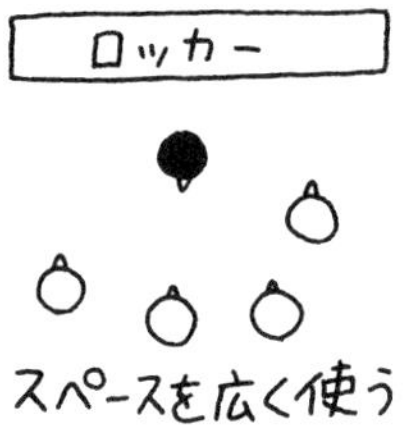

時間	幼児の活動内容	保育の配慮	環境・準備
10:00	◎保育室の中央に集まり、座る。 ・「モグラモックリショ」を聞く。	・ぬいぐるみを動かしながら、「モグラモックリショ」を唱える。 ・拍をとるようにぬいぐるみを動かし、興味がもてるようにする。 ・何回目かの後、唱えの最後にしゃがむ動作を入れる。 ・ぬいぐるみを持って立ち上がり、「みんなも立ってね」と子どもたちに立つことを伝える。	・ぬいぐるみ
10:05	◎立ち上がる。 ・その場で唱えに合わせてしぐさをする。 ・足踏みをする。 ・唱えに合わせて歩く。 ・しゃがむ。	・ぬいぐるみを動かしながら、その場で足踏みする。 ・「わたしについてきてね」と伝え、唱えながら歩く。 ・じょうずに歩けるようになってきたら、唱えの最後にしゃがむ動作を入れていろいろな動きを楽しめるようにする。	
	◎保育者の後ろに列になる。 ・つながり歩く。	・つながり歩きへと導く。 ・「じょうずになってきたから、今度はつながって歩いてみようね」 ・「わたしはモグラのおかあさん。モグラさんたち、わたしの後ろについてきてね」 ・唱えの区切りで、先頭だった子どもを列の最後にするなど、保育者のすぐ後ろになる子どもを順に交代する。 ・室内をいろんな方向へ移動する。 ・子どもが混乱しない速さと歩幅で進む。 ・子どもたちのようすを見て終わりを決める。 ・「ドッコイショ、ドシン」を入れ、しりもちをついて座る。 〈歩く〉  〈しゃがむ〉  〈しりもちをつく〉 	
10:25	◎その場で座る。	・「じょうずに歩けたね」「しゃがんだり立ったり、だれも手が離れなかったね」など、言葉をかけるとともに、楽しかったところなどあそびの感想も聞く。	
10:30	◎次の活動へ向かう。		

※14ページ・ミニ集団あそび「つながり歩き」参照。

部分実習指導案の例②

ロケットを作って遊ぶ—3歳児—（39ページ参照）

(部分実習)　責任実習　３歳児　○月○日(○)実施　指導担当者：○　○　○　○

主活動の内容	ロケットを作って遊ぶ。	主活動の環境構成	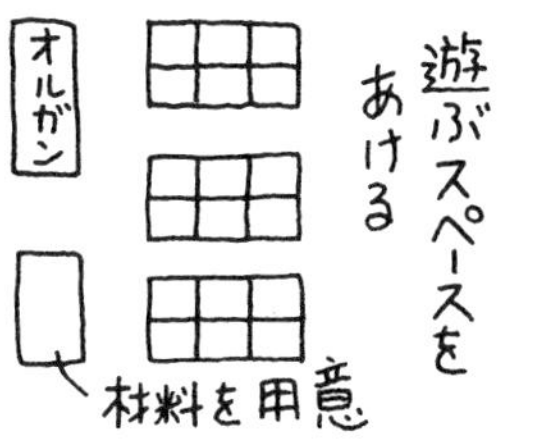オルガン 遊ぶスペースをあける 材料を用意
子どもの姿	手先を使っていろんな活動やあそびができる。模倣あそびも活発になり、見たて、ものまね、身ぶりをして遊べるようになってきている。		
ねらい	・紙袋のロケット作りを通して、丸める、破る、ホッチキスで留めるなどの活動を楽しむ。 ・紙袋のロケットで遊ぶ楽しさを味わう。		

時　間	幼児の活動内容	保育の配慮	環境・準備
10:00	◎ロケットについて知っていることを話し合う。	・ロケットについて、絵を見たり話をして、イメージを膨らませる。	・ロケットの出てくる絵本や写真。
	◎ロケットの作り方を知る。	・事前に作ったロケットを見せながら、材料、作り方を知らせ、興味がもてるようにする。	・保育者が作ったロケット。
10:10	◎ロケットを作る。 ・紙袋の底を折ってのりでつけ、少し乾かす。 ・新聞紙を袋の中に入れて、膨らみをつける。 ・新聞紙を縦に破る。	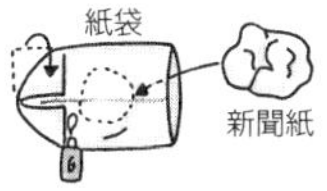紙袋 新聞紙 ・子どものようすを見ながら、新聞紙を加減する。 ・紙の繊維の方向があるので、縦に破るように声をかける。 ・両手の親指、ひとさし指で新聞紙をつまんで、幅５～７㎝に裂くように破る。	・人数分の紙袋(封筒)、のり ・新聞紙を８分の１ぐらいに切っておく。 ・新聞紙ひとり半切、
	・４～５本を重ねて先をホッチキスで留める。 ・紙袋の口に新聞紙の束を差し込み、ホッチキスやセロハンテープで留める。	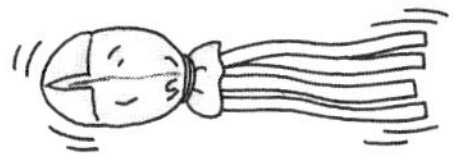 ・うまく差し込めない子どもには援助する。	・ホッチキス、セロハンテープ
10:30	◎ロケットを持って走ったり、投げて飛ばして遊ぶ。	・安全面での約束事を決めたうえで、保育室や園庭でロケットを持って走ったり投げたりできるよう、自由に遊ぶ時間と空間を配慮する。 ・破れたりちぎれたりしても気にしないで、自由に遊ぶようにする。	・遊び場所の確保。 ・約束事（廊下で遊ばない、人に向かって投げない、遊ぶ時間など）の確認。
10:50	◎後片づけをする。		

※39ページ・飛ばして遊ぼう「ロケット」参照。

部分実習指導案の例③

「ワニの住む川」で遊ぶ─4歳児─（35ページ参照）

（部分実習）　責任実習　　4歳児　　○月○日（○）実施　　指導担当者：○　○　○　○

主活動の内容	「ワニの住む川」で遊ぶ
子どもの姿	基本運動の技能を獲得洗練させていく時期であり、あそびの形態も個人や少人数からグループでのあそびへと発展していく時期。
ねらい	・体を十分に動かして遊ぶ。 ・友達と楽しんで遊ぶ。

主活動の環境構成

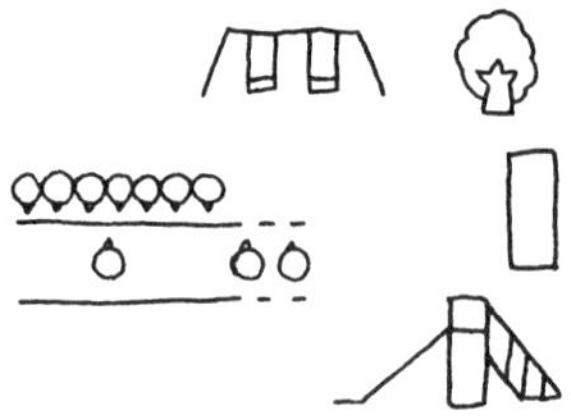

時間	幼児の活動内容	保育の配慮	環境・準備
9:50		・園庭に、幅2m長さ3mのラインを引く。 ・あそびの発展を考え、広い場所が取れる所に引く。 ・子どもの人数により、幅や長さは変更する。	・ラインカーもしくは水を入れたやかん ・安全に遊べるように、広い場所を確保する。
10:00	◎ラインの近くに立って集まる。 ・注目して話を聞く。	・あそびのルール、方法を説明する。 ・晴れている場合は、子どもたちがまぶしくないように太陽に向かって立つ。	
10:05	◎「ワニの住む川」で遊ぶ。 ・丸く輪になる。 ・ワニ役の子どもはラインの中に入り、ほかの子どもはどちらか一方のライン上に立ち、遊び始める。	・鬼決め※『ちゅうちゅうたこかいな』で、最初のワニ役を決める。 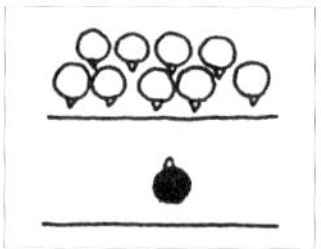 ・移動の混乱を避けるために、一方向だけに並ぶようにして、「川を渡るよ」の合図で移動する。  ・慣れてきたら合図をなくし、自由に行ったり来たりを繰り返す。 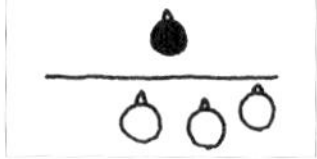 ・なかなか川を渡ろうとしない子どもがいる場合は、「五つ数えるうちに渡らないと、堤防が崩れるよ」などのことばがけで促がす。	
10:20	◎ワニの数を2〜3人に増やして遊ぶ。	・人数が増えた分、ラインを長く引き足す。 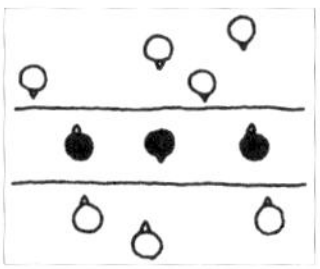 ・時間と子どもたちのようすを見て、最後の回の合図をする。	
10:30	◎保育者の周りに集まって話を聞く。	・「みんなワニに捕まらないように、じょうずに逃げていたね。一度も捕まらなかった人はだれかしら」など、うまく動けたことを評価する。 ・あそびの感想を聞く。 ・「今度はもっとワニを増やして遊んでみようね」などの言葉をかけ、次回の期待へとつなぐ。	
10:35	◎手洗い、うがいを済ませ、保育室へ移動する。		

※35ページ・ロープ(縄)で遊ぶ「ワニの住む川」、43ページ「鬼決め」参照。

部分実習指導案の例④

けん玉を作って遊ぶ―5歳児―（36ページ参照）

（部分実習）　責任実習　5歳児　○月○日（○）実施　指導担当者：○ ○ ○ ○

主活動の内容	けん玉を作って遊ぶ。	主活動の環境構成	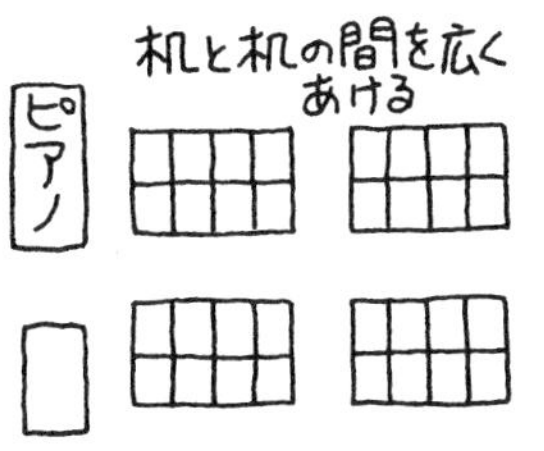机と机の間を広くあける ピアノ
子どもの姿	ボールを投げたりけったり、縄跳びをするなど、友達と競って楽しんで遊ぶようになってくる。また、自分の動きをイメージして体を動かせるようになってくる。		
ねらい	・けん玉作りを通して、作る、絵をかく、糸を結ぶなどの造形能力を高める。 ・友達といっしょに、けん玉をコップの中に入れる楽しさを味わえるようにする。		

時間	幼児の活動内容	保育の配慮	環境・準備
10:00	◎けん玉の話を聞く。	・事前に作ったけん玉を保育者がやって見せ、興味がもてるようにする。	・保育者が作ったけん玉。
10:05	◎けん玉を作る。 ・アルミホイルの中央にたこ糸の端を置き、糸といっしょに丸めて玉を作る。 ・紙コップにフェルトペンで、絵や模様をかく。 ・紙コップの口の所に千枚通しで穴をあけて、糸を結ぶ。	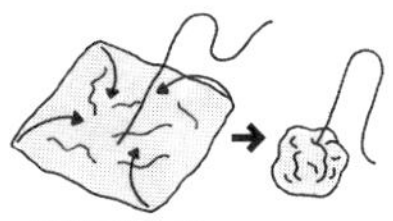 アルミホイル ・子どもひとりひとりのようすを見ながら進めていく。 ・玉が硬く丸められて、糸が玉から出ているか確認する。  ・紙コップに模様をかいたり、花や動物など好きな絵をかくようにする。 ・千枚通しの使い方や持ち方に気をつける。 ・糸の結べない子どもは友達と協力したり、保育者が結ぶようにする。	・たこ糸(50cm)、アルミホイル(幅30cm)を全員に配布。 ・紙コップ、フェルトペン ・千枚通し
10:15	◎けん玉で遊ぶ。 ・好きなように遊ぶ。 ・玉に反動をつけて入れる。 ・玉を静止させて、一気に上に上げて入れる。	・まずは好きなやり方でけん玉を楽しむ。 ・ある程度遊んだら、二通りの入れ方があることを知らせて挑戦する。 ・うまくできたら、みんなで喜び合う。 ・繰り返し遊んでいれば、少しずつできるようになることを伝える。 ・最後にみんなで一斉にやり、満足感がもてるようにする。	
10:50	◎後片づけをする。	・家に持って帰り、家族でけん玉をして遊ぶように話す。	

※36ページ・けん玉を作って遊ぼう参照。

責任実習指導案の例

「いないのはだあれ？」で人当てをする―4歳児―（27ページ参照）

部分実習　(責任実習)　4歳児　○月○日(○)実施　指導担当者：○　○　○　○

主活動の内容	「いないのはだあれ？」で人当てをする。	主活動の環境構成	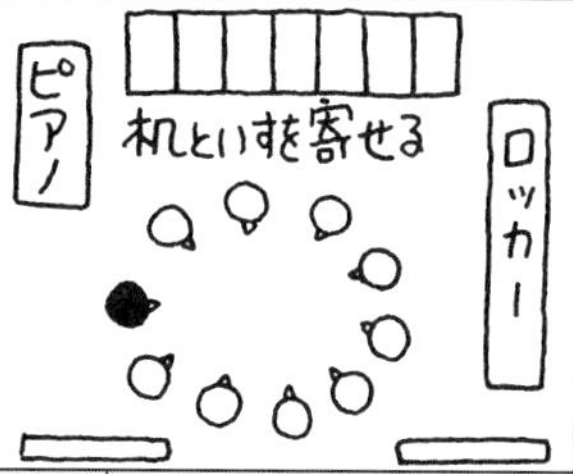
子どもの姿	自分と他人の区別がはっきりできるころで、特徴を意識し始める。 集団あそびができる。		
ねらい	・だれが隠れているのか、ほかの情報から想像できる力を育てる。 ・他人の特徴をとらえる。 ・みんなで協力して、言葉やしぐさで情報を伝える。		

時　間	幼児の活動内容	保育の配慮	環境・準備
8:30	◎登園する。 ・持ち物を始末する。 ◎好きなあそびをする。	・ひとりひとりにあいさつをし、健康状態を把握する。	
9:20	◎片づけをする。	・『おかたづけ』の曲で片づけ始める。 ・「自分で使ったものは、自分で片づけようね」「○○ちゃん、そこに出ているものも片づけてあげてね」とことばがけし、協力して片づけるようにする。	
9:30	◎朝の会をする。 ・『朝の歌』をうたう。 ・『どんぐりころころ』をうたう。 ・あいさつをする。 ・当番が出席をとる。	・集まり始めたら、ピアノを弾く。 ・「元気にうたってね」と、一日の始まりを意識させる。 ・「きょうも一日元気に過ごせるよう、大きな声であいさつしてね」と呼びかける。 ・「きょうは○○ちゃんお休みだね」と話し、出欠の状況をクラス全体に知らせる。	
9:50	◎「スケッチブックのめくり絵本」で動物当てをする。 ・スケッチブックを見て、特徴に気づく。 ・ヒントを聞き、答えを言う。 ・別の動物でもする。	・「動物の隠れんぼゲームをします。どの動物が隠れているか、当ててみてね」と呼びかける。 ・初めは片方だけ、すばやくめくって閉じる。 ・「何色だったかな？」と聞く。 ・もう一度すばやく見せる。 ・片方をめくり、「このしっぽはだーれだ？」と聞く。 ・「大きい動物だよ」「ゆっくり歩くよ」とヒントを出す。 ・「ぞうさん」と半分以上がわかったら、もう片方をめくり、正解を伝える。 ・キリンでもする。「黄色い動物だよ」「茶色い模様がついてるよ」「首が長いよ」と、順番にヒントを挙げていく。 ・「次は、みんなが隠れて、当て合うゲームをしましょう」ということばがけで、次の活動につなげる。	・スケッチブック 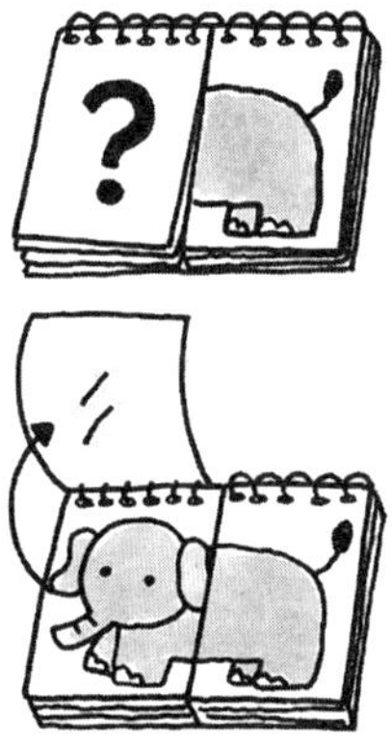
10:30	◎「いないのだあれ？」で遊ぶ。 ・ルールを聞き、机を寄せる。 ・輪になって座る。	・「○○ちゃん、当てる人ね」と指名し、いっしょに保育室の外に出る。	・大きな布

※25ページ・簡単にできる絵本「スケッチブックのめくり絵本」参照。

時　間	幼児の活動内容	保育の配慮	環境・準備
	・「いないのだあれ？ いないのだあれ？」と唱えながら、ひとり布の中に隠れる。 ・準備ができたら、「もういいよ」と言う。 ・当てる役の子どもが保育室に入り、だれが隠れているかを当てる。	・隠す子どもを選んで、輪の真ん中に座らせて布をかぶせるように声をかける。 ・「どんな子が隠れてる？」と回りの子どもに質問し、特徴を聞く。 ・「着ている服は？」「髪の色は？」と、具体的に聞く。 ・当たったら、「○○ちゃんのこと、よくわかったね」と言葉をかける。 ・続けて２回繰り返す。	
11:20	・机を元に戻す。		
11:30	◎うがい、手洗い、排せつをする。	・うがい、手洗いをしているようすを見守る。	
11:50	◎給食を食べる。	・「ごちそうさま」の時間を伝える。	・台ふきん
	・片づける。	・よくかんで、楽しく食べられるように声をかける。	・給食
12:20	・歯を磨く。	・食べ終わった子どもから、歯を磨くように声をかける。	
13:00	◎午睡する。 ・パジャマに着替える。 ・布団を敷く。 ・排せつをする。 ・あいさつをして寝る。	・みんなで協力して布団を敷くように声をかける。 ・絵本『○○○○○○』を読む。 ・気持ちを落ち着けて眠りに入れるように、ゆっくりと読む。	・布団 ・絵本『○○○○○○』
15:00	・起床する。 ・布団を片づける。 ・着替えをする。	・みんなで片づけるように呼びかける。	
15:20	◎おやつを食べる。 ・あいさつをして食べる。	・当番の子どもに声をかけ、自分たちでするという意識をもたせる。	・おやつ
15:40	・あいさつをして片づける。		
16:00	◎降園の準備をする。 ・集まる。 ・『もみじ』『おかえりの歌』をうたう。 ・あすの連絡を聞く。 ・連絡帳を受け取る。	・延長保育の子どもの人数を確認する。 ・ひとりひとりの名前を呼び、連絡帳を渡す。	・連絡帳
16:20	◎延長保育 ・自由あそびをする。	・延長保育の引き継ぎをする。	

※27ページ・感覚で遊ぶ「いないのはだあれ？（人当て）」参照。

子どもの発達とあそび

	知的・言葉・心の発達	体・運動能力の発達	活動・あそび
0〜4か月	•快の情緒状態にひとり笑いをする(1か月)。 •母親の声を聞き分ける(1か月〜)。 •保護者の話しかけや微笑に対してほほ笑んだり、心情を共有する(3か月〜)。 •「アーアー」など喃語《なんご》を話す(4か月〜)。	•把握反射、吸いつき反射、モロー反射。2か月ごろから徐々に消えていく初期的な反射運動(2か月)。 •体重が2倍になる(3か月)。 •首が据わる(4か月)。	•あやす、手を握る、ほおをくっつけるなどの働きかけ(1〜4か月)。 •手を口に持っていく(3か月〜)。 •手を伸ばして物を取る(4か月〜)。 •声を出して笑う(4か月〜)。 •がらがらを振る(4か月〜)。
5〜8か月	•人見知りをする(5か月)。 •身ぶりをまねする(5か月〜)。 •保護者が相手をすると、全身で喜びを表現する(5か月〜)。 •食卓荒らし(6か月〜)。 •身ぶりで意志を伝える(8か月〜)。	•眼球運動完成(5か月)。 •お座り、寝返りができる(5か月〜)。 •腹ばい、手足をばたつかせ移動をする(7か月)。 •つかまり立ちをする(8か月)。	•積み木を持ち替る(5か月〜)。 •「オツムテンテン」「バイバイ」など動作で表現する(6か月〜)。 •気に入ったおもちゃでひとりあそびをする(7か月〜)。 •両手をたたく(7か月)。
9〜11か月	•「マンマ」と単語を言い始める(9か月)。 •周囲の人に耳を傾け、模倣して発声しようとする(10か月)。 •「パパ」「ママ」など簡単な単語が言え、言葉の理解が深まる(11か月)。	•はいはいができる(9か月)。 •立ち上がりができる(10か月)。 •親指とひとさし指で物をつまめるようになる。 •つたい歩きをする(11か月)。	•座って、持っている物を投げたり拾ったりする(9か月〜)。 •はいはいしながら階段を上り下りする(10か月)。 •高い高いが好き(9か月〜)。
1歳児前半	•単語を20語以上話す。擬声語・擬態語で感情表現をする。 •自分の名前があることに気づく。—社会的能力が広がる。 •探索活動が盛んになる。 •喜怒哀楽、しっと心が強くなる。	•よちよち歩き。 •高い所に手を伸ばす。 •スプーンで食べようとする。 •その場で立ったまま、ひとりで360度回る。 •靴を履いて歩く。	•手押し車で遊ぶ。 •ボールを投げたり、拾ってまた投げて遊ぶ。 •生活用品、積み木で遊ぶ。 •人がしていることをまねる。
1歳児後半	•絵本を見てものの名前を言い始める。 •二語文が出始める。 •大人に愛情を強く求める。 •自分の思いや望みを強く訴える。	•こぼしながら、自分でスプーンやフォークを使って食べる。 •普通の歩行になり、自分の行きたい所に行く。 •ぎこちなく走り、階段は手を引かれて上がれる。	•すべり台に上ったり、走ったり、跳びはねたりする。 •破る、掘る、箱に詰めるなど、手の活動が盛んにする。 •なぐりがきが始まる。 •同じことを繰り返し試みてする。—向上心。 •ボールをけり、上手投げでボールを投げる。

	知的・言葉・心の発達	体・運動能力の発達	活動・あそび
2歳児	•“2歳児は「ナニ？」の時代”と言うように、言葉を覚え、語いが増え、400語くらいの単語、二語文で、発声もめいりょうになる。 •第一次反抗期と言われるように、自我の意識が芽生え、自分の意志を通そうとし、自立心が強まる。 •行動半径が広がり、ほかの子どもとかかわりを少しずつ求めるが、トラブルになる。ひとりあそびが多い。	•歩行運動が一段と進み、走る、跳ぶ、運ぶなどの基本的な運動能力が整い、自分の思うように行動する。 •指先の動きも発達し、本のページをめくったり、積み木を高く積んだり、ハサミを使い始める。 •音楽に合わせてリズムをとって体を動かす。	•自立心が強まり、服の着脱など自分でしようとする。 •絵の表現では、なぐりがきの時期から、形が現れ象徴的に意味をもたせてかく。 •粘土や泥、紙を丸めたり、木の実を並べたりできる。 •すべり台の上り下りができ、両足でピョンピョン跳べる。
3歳児	•手伝いをするなど、人の役立つことを進んでする。 •言葉の形態の基本が整い、言葉によるやり取りをするなど、日常生活で支障のない会話ができる。語いは800〜1000語。 •人を頭足人のようにかくなど、象徴的な絵をかく。 •第一次反抗期で、意思決定をしたり、積極的な模倣から創造的な活動に広げようとする。	•基本的な運動能力が一応整い、粗大運動、微細運動が分化してくる。 •食事、排せつなど、かなりの程度自立する。 •ブランコ、三輪車に乗れる。	•順番を守れるなど、簡単な決まりを守れる。 •手先の活動も発達し、遊具、用具を使って自由に遊ぶ。 •ごっこあそびをするが、まだ協力し合って遊ぶのではなく、個々に遊ぶ(平行あそびが多い)。 •積み木を車に見たてたり、土だんごを食べる『つもりあそび』をする。 •絵本、紙芝居を楽しめる。
4歳児	•男女の性別に興味をもち、同姓の服装やしぐさの意識をする。 •自分と他人の区別がはっきりでき、自意識が育ち、集団あそびができ始める。 •心が人だけでなく、ほかの動物や無生物にもあると思っている(アニミズム)。そのことが、子どもらしい空想力や想像力につながる。	•全身でバランスをとることができるようになり、ケンケンやスキップなど、体の動きが巧妙になる。 •走り方はほぼ完成するが、個人差が大きく、走り方も不安定。 •よく動き回り、じっとしていない。 •話しながら食べるなど、二つのことが同時にできる。	•積み木やブロックを組み立てたり、分解して遊ぶ。 •『おかあさんごっこ』などごっこあそびが盛んになり、集団でいることに喜びをもつが、トラブルも多い。 •砂山や積み木で、何人かで協力して遊ぶ。 •じゃんけんができる。
5歳児	•ルールを守ったり、目的をもって手伝いをする。責任感、連帯感、協調性が育つ。 •地面(基底線)と空を設定し、人形のような絵記号を組み合わせて絵をかく(図式期)。レントゲン描法、展開描法、多視点描法など、いろいろな表現をする。 •判断する力の基礎ができて、相手の不正に「ずるい」「おかしい」と批判する。トラブルを自分たちで解決しようとする。	•運動能力がますます伸びて、縄跳び、とび箱、ゴム跳びなどができ始める。 •紙ののりづけ、折り紙ができるようになる。男の子のほうが発達が遅く、ハサミがうまく使えなかったり、折り紙がうまく折れない子どもが多くいる。 •日常の基本的な体の動きや行動ができるようになる。	•サッカー、ドッジボールなどの球技などができ始める。 •鬼ごっこ、物を持って動いたり走ったりできる。 •集団あそびで役割を分担して遊んだり、共通のイメージをもって遊べる。 •しり取りなど、言葉を使って遊べる。

※留意点：この「子どもの発達とあそび」は、あくまで一般論です。個々によって発達の緩やかな子ども、早い子どもがいるので、固定的に考えないで、ひとりひとりの違いをよく見極めて援助するようにしましょう。

著　者

東　山　　　明

神戸大学名誉教授
近大姫路大学教授

本書、「作って遊ぶ活動」や「手作りおもちゃ」の教材、指導案、子どもの発達とあそび等を分担執筆

主な著書

『幼児の造形ヒット教材集①②』(東山明ほか編／明治図書／1992年)
『子どもの絵は何を語るか』(東山直美と共著／日本放送出版協会、NHKブックス863／1999年)
『幼児の造形ワークショップ　①〜③』(監修／明治図書／2004年)
『絵画・製作・造形あそび指導百科』(編著／ひかりのくに／2005年)
ほか多数

名　賀　三希子

園田学園女子大学教授

本書、「低年齢児のあそび」や「体を動かして遊ぶ活動」の教材、指導案等を分担執筆

主な著書

『いきいき幼児体育』(コダーイ芸術教育研究所著分担執筆／明治図書／2003年)
『領域　健康—こころとからだを育てる—』(池田裕恵著分担執筆／不昧堂／1996年)
ほか多数

教育・保育実習実技ガイド

2005年9月　初版発行
2008年5月　7版発行

著　者　東山　明・名賀三希子

発行人　岡本　健

発行所　ひかりのくに株式会社

〒543-0001　大阪市天王寺区上本町3-2-14　郵便振替00920-2-118855　TEL06-6768-1155

〒175-0082　東京都板橋区高島平6-1-1　郵便振替　00150-0-30666　TEL03-3979-3112

http://www.hikarinokuni.co.jp

印刷所　図書印刷株式会社

Printed in Japan
ISBN978-4-564-60675-5
NDC376　64P　26×19cm